真唐李白

诸传中 著

北京日报报业集团
同心出版社

前　言

古往今来，世上曾有形形色色、数不胜数的人生故事，在世人浩如烟海的历史足迹中，我国唐代大诗人李白的生平事迹不过是沧海一粟。尽管如此，由于这位酒神诗仙戏剧性坎坷人生的曲折动人，以及他的非凡诗篇的魅力无限，所以时至今日，李白及其诗歌依旧是文心向往的一个亮点。

然而，在写李白故事之前，我心里存在着某种疑虑。

首先，李白是确有其事的人物，刻画一个有思想深度的文人，不仅比编造亮化帝王的戏说和神化侠客的海说困难，而且还难以找到戏说、海说的消遣性可以投俗的广阔市场。

其次，建立在现代日新月异的科技成果基础上的消费品高性能和商品高产能，已经把社会引入了物质享乐的天地。便捷的交通设施和纵感官求愉悦的娱乐活动，满足了人们渴求物质享乐的意愿和尊贵消磨闲暇时光的情趣。要人们花气力去读一个 1300 多年前的古人故事，未必能找到读者。因此，让尘封多年的李白故事变成今人可用的财富，使之产生现实意义的想法也许会因其脱离现实而失去意义。

之所以我还是下决心去写李白的故事，完全是传承文明的社会责任感占了上风所致。

古代历史经验告诉我们，生产力的进步和产品的相对剩余，曾经为人类从原始公社走向私有制阶级社会准备了物质基础；现代西方社会的实践表明，先进的科学技术既能使天然物转化为商品的速度迅猛增长，从而为全体社会成员创造出最低的生活保障条件，又能使极大相对剩余的产品成为少数人的财富。

生产力赖以发力的机器，不具备人类的生理机能，机器没有“人同此心”的感受，不会给予他人好人一样给予的同情和爱。单纯的科学技术“要素”进步和片面夸大的唯利是从的人的作用，无法阻止生产关系去公的演变和有限社会财富的两极分化。共产党人的先进性告诉我们，为了实现马克思主义描绘的那种人们以劳动为生活第一需要的，物质十分丰腴的，各尽所能、各取所需的美好社会，我们不仅要谋求自然科学的发展，而且要不断致力于人文社会科学的进步。

广袤的宇宙存在着普遍规律，比如说任何物质都逃不过万有引力，但是，宇宙中的万事还有其特殊性，比如说同属我们这个太阳系的另一颗行星土星，它的第六颗卫星的甲烷河就流着与地球上的河里截然不同的东西。换句话说，另一种星球遵守着别样的存在规律，我们这颗拥有七大洲的蓝色星球则遵守着这样的存在规律。即使阿波罗计划使地球人在月亮上看见了“地亮”，人类科学技术的未来有能力把地球人的使者送上火星或者更遥远的行星，也改变不了我们这颗生活着70亿人的星球上的存在规律。无论人们用发展取得了何等壮观的科技进步，都不能厚今薄古，被片面性蒙蔽了眼睛。除了物质力量的滋养之外，人们的头脑还离不开精神生活的滋养；人们现在的精神生活模式，不应该离开他们的头脑赖以成长的过去的光荣历史；人们未来的心态，决不能走到扭曲我们曾经有过的健康意识的境地。因为我们只有一个地球，所以还应在同舟共济、争创节用、少取多予、崇尚奉献的为公情怀方面不断加以完善，从而使物质生产的进步插上马克思主义先进政治、文化的翅膀，高飞远举。这就是我们传承文明的涵义。

尽管我们无法断言苍穹外宇宙的未来究竟是开宇宙、闭宇宙、平宇宙，还是振荡的宇宙，但有一个永恒我们知道，那就是全世界的每一个人都有获得最大幸福的愿望，这就像光子天然沿着原时最大的弯曲路径，在宇宙这个“软体动物”体内寻求其自由一样。然而，无论是怎样的一种发展，都无法让有限的星球资源去满足全人类无限的物质欲望，所以崇尚劳动、勤俭节约、克己奉公、高扬共同进步大旗的个人品质，才是促进社会可持续健康发展的人的优秀品质。从古到今，我们的先辈曾经谱写过在改造客观世界的同时，改造自己主观世界的文明历史，在21世纪的今天，我们更应以超越历史的高度为目标，坚持用马克思主义去培养共产党员和群众树立公仆意识，从而使我国各族儿女情同手足，天旋地转、海枯石烂一家亲。这就是我们传承文明的主题。

中国和世界的文化宝库，珍藏着许多优秀人物的事迹；大量唐诗精品蕴蓄的伦理情意不乏值得今人借鉴的健康因素。这就是至今我像喜爱故宫博物院里的石斧、陶片、铜器等先辈用勤劳智慧创造的物质文化遗产那样喜爱唐诗珍品等非物质文化遗产，决心用李白故事将这种爱好播及人们的原因。

中国唐代大诗人李白自24岁出蜀到62岁去世，在巴蜀以外的华夏大地生活了38个年头。用他自己的话说，在这三十几年间，他曾经“酒隐安陆，蹉跎十年”，与结发妻子许紫烟一起在湖北安陆度过了10年暖意融融的美好时光。然而迄今各种介绍李白诗文和传略的书籍文章，很少提及他在湖北的生活经历。为填补李白生平纪事上的这些空白，我以他在湖北鲜为人知的经历为重点写了这本《真唐李白》。

李白是一位中国历史文化名人，出版他的诗文，撰写他的传略，理当遵守“生有所为，传从其据”的原则。“真唐李白”顾名思义，即真实的、唐代非戏说中的李白。所以，我在写作中十分注重李白生平大事的确凿性。所谓确凿性，当然是相对的，即《真唐李白》一书引用的李白事迹、诗文，绝非道听途说或信手捡获，而是出自内容完整、编辑较早、权威性强的素材。

《真唐李白》一书，除了14篇文赋之外，共引用了200首李白诗歌。这些文赋和诗歌，皆出自清代王琦注释的《李太白全集》。

《真唐李白》一书中叙及的李白生平大事，皆以李白的诗歌、文赋，有关李白的其他史料，以及现代学者对李白及其诗赋的研究成果为根据。因此可以说，《真唐李白》一书，既是一本守实的“李白故事”，又是一本颇有收藏价值的“精选李白诗集”。

诸传中

2014 年 9 月 15 日于武昌

目　录

一　李白出生及其家世

我国蜚声中外的古代大诗人李白，生活在距今 1000 多年的唐代。

斗转星移，时移世易。现代喜爱李白诗歌并关注他执着、坦然、坎坷人生的人们，不仅无从寻找曾在中国大江南北留下过幸福和忧伤身影的李白踪迹，而且很难根据尚存不少矛盾和错讹的反映李白只言片语的文字史料去讲一个真实、完整的李白故事。尽管如此，经过我国学者多年的潜心研究，李白生平事迹的主要轮廓还是展现到了世人面前。

从李白的先祖到李白这一辈的李氏世系概况，是以现存文字记录中三份最有权威性的史料为基础而理清的。这三份史料分别是，李阳冰的《草堂集序》、范传正的《唐左拾遗翰林学士李公新墓碑文》和李华的《故翰林学士李君墓志》。

《草堂集》是李白诗文集的初名。其序称为《草堂集序》，作于 762 年 11 月 10 日。当时，病危中的李白将诗文稿交给接纳他度过风烛残年的当涂县（今安徽省当涂县）县令李阳冰，并请其作序。李阳冰在序中写道：

> 临当挂冠，公又疾亟，草稿万卷，手集未修，枕上授简，俾予为序。……时宝应元年（762 年）十一月乙酉也。

《草堂集序》中有这样一段描述李白家世的话：

> 李白，字太白，陇西成纪人，凉武昭王（李）暠九世孙。……中叶非罪，谪居条支，易姓与名。……神龙之始（705年），逃归于蜀。

李白和李阳冰是知交，而且《草堂集序》是李阳冰根据李白临终“疾亟”时的授意所写，所以李白之言在时隔不久李阳冰所写的“集序”中，必定有很高的保真度。因此，《草堂集序》的权威性是毋庸置疑的。

唐宪宗元和十二年（817年），即李白去世后的55年，当涂县归李白的生前好友范文之孙，宣歙池（今安徽省宣城、歙县、池州）等州观察使范传正管辖。那一年，当地人为李白建了一座新墓，范传正为新墓写了碑文：

> 公名白，字太白，其先陇西成纪人。绝嗣之家，难求谱牒。公之孙女搜于箱箧中，得公之亡子伯禽手疏十数行，纸坏字缺，不能详备，约而计之，凉武昭王九代孙也。隋末多难，一房被窜于碎叶……神龙初，潜还广汉。

经过考证，新墓碑文所述李白一家潜还的广汉，指的是唐代西蜀的绵州彰明，现在四川省的江油市。

由于范传正在写碑文以前曾会见过李白的孙女，并看过李白的儿子伯禽生前关于李白家世的手迹，所以范传正写的《唐左拾遗翰林学士李公新墓碑文》也是了解李白家世的权威性史料之一。

只要将李阳冰的《草堂集序》和范传正的《唐左拾遗翰林学士李公新墓碑文》作一对照，就不难看出，两文在认定李白的祖籍为陇西成纪（今甘肃省秦安县）；其九世先祖为凉武昭王；先祖在隋末（610 年前后）有国难投，“被窜”、“谪居”西域，神龙之初（705 年）李白随其父回归蜀中等事件时的说法，基本上是一致的。

然而，在李白的出生地问题上，两文之间还存在着“条支”和“碎叶”的差异。

上个世纪，我国人文学者对这一问题做了大量的考证和探讨。

《草堂集序》中的条支是个国名，其疆域很不明确。

李白的《战城南》中有这样的诗句：

去年战，桑干源；今年战，葱河道。
洗兵条支海上波，放马天山雪中草。

根据这首诗判断，隋唐时代汉民族与经常犯边的西域胡人逐鹿的战场条支，是与“葱河”、“天山”、“海”相隔不远的地方。

葱河即现在的喀什噶尔河。它发源于葱岭，天山也脉于葱岭。虽然葱河与天山附近没有海，但是在隋唐时代人的眼里，烟波浩渺、望不到边的伊塞克湖和巴尔喀什湖跟大海一样。于是，说李白的先辈谪居的条支就在葱岭以西、“两湖”附近的中亚就有了理由。

范文澜在其《中国通史简编》里讲过，“唐朝经营西域，先在天山南路置安西大都护府”，安西大都护府在葱岭以西、里海以东所设的 16 个都督府中包括了条支都督府。这一史实支持了“条支”就在中亚的看法。

范传正《唐左拾遗翰林学士李公新墓碑文》中的碎叶是个城名。

在唐玄奘的《大唐西域记》里有这样的记述：

（自凌山）山行四百余里至大清池……清池西北行五百余里至素（碎）叶水城，城周六七里，诸国商胡杂居也。

这段话里的“素叶水”，在《大清一统志》里被译作“吹河”，而今译为“楚河”。“大清池”又名热海，或谓咸海，即现在的伊塞克湖。

从伊塞克湖东岸算起，位于伊塞克湖西北五百余里的楚河南岸的托克马克，其地理位置与《大唐西域记》里的“素（碎）叶水城”十分相似。因此，碎叶城指的就是今天吉尔吉斯斯坦共和国的托克马克。

由于条支和碎叶同属于中亚，所以，说李白的先辈西迁到了条支，指的是一个大地名；说他们西迁到了碎叶，则指的是大地名后面的一个小地名，两者并不矛盾。

与李白同时的唐代著名文学家李华（715年—766年），擅长写墓志、碑颂。李华为李白写的《故翰林学士李君墓志》，是推断李白出生时间的一份权威性史料。该墓志上说：

（公）年六十有二，不偶，赋《临终歌》而卒。

既然李白在唐宝应元年（762年）11月初病危，其后不久去世，共活了62岁，那么按照旧时传统的虚岁算法，李白的出生年份应当是唐代武则天长安元年（701年）。

从唐太宗贞观元年（627年）至武则天长安四年（704年），唐朝经历了经济繁荣和疆域大扩张时期。《新唐书·食货志》里说：“是时海内富实。道路列肆（铺子），具酒食以待行人；店有驿驴，行千里不持尺兵。”充实的国力使唐朝的势力一度扩张到里海东岸，但因吐蕃和大食都想夺取西域，唐王朝与西突厥余部的关系又不调和，所以到了武则天晚年，中亚一带经常发生战争，致使西突厥的突骑施部兴起，建立起以楚河为中心的国家（见范文澜《中国通史简编》）。

李白一家正是在这种动荡的局势下离开中亚碎叶，于唐中宗神龙元年（705年）还原返本，向东迁居的。

李白的先辈在西迁时的“非罪谪居”、“被窜碎叶”，含有因祸或因罪的成分，所以他们到了中亚碎叶要“易姓与名”；而在东归时的“逃归于蜀”、“潜还广汉”，则含有避乱、避祸的成分。这驱使李白的父亲在扶老携幼历经颠沛流离，千辛万苦回归东土时，一心只想避世离俗，远离边地和穷乡僻壤，不回陇西，直奔以崇山峻岭为屏障，以农事、山林自给的四川。

刚到绵州彰明寓居的时候，李白父亲的心情是沉重的。多年来，久遭驱迁、饱受磨难、流寓西域的家史，一直令他刻骨铭心；好不容易逃归于蜀，但一言难尽的曲折家世和人地生疏的西蜀环境，又隐伏着受当地人猜忌的信任危机，因此，居安思危，隐逸韬晦的人生哲学占据了他的心灵，他一到西蜀，就仿照先辈在流寓西域时“易姓与名”的做法，变迹埋名，给自己取了一个新名字，称自己姓“李”名“客”，其意为客居西蜀，一切从头开始。李白的父亲在绵州彰明不求禄仕，知足常乐，过着世外桃源般的生活，他的原名已经失传。

唐代文人赠李白的诗，其标题中经常用到“李十二”这几个字。比如杜甫写过《寄李十二白二十韵》，贾至写过《洞庭送李十二赴零陵》。“李十二”指的是李白在兄弟辈中排行第十二。由此可见，李客的子侄是很多的，他从西域带回的是一个很大的家庭。

在诗文中，李白谈家人的时候不多。根据他晚年的作品《万愤词》来看，他至少有一个哥哥在九江、一个弟弟在三峡。又据宋代计有功《唐诗纪事》引杨天惠《彰明逸事》说，李白还有一个名叫月圆的妹妹，她嫁在本县（彰明）。后来，在彰明县青莲镇西半里许，有清乾隆年间重建的李白故居陇西院，院后有月圆的坟墓。

李客的家庭有经商的传统。这可以用两件事来说明。

其一，在西域时，李客及其先辈一直处在“诸国商胡杂居”的氛围中，家族里的人，很难都不经商。

其二，在唐代，以长江及其支流、运河、临近海域为纽带的广大地域，水路交通十分发达。不仅在越州（浙江省绍兴市）、扬州、楚州（江苏省淮安市）、洪州（江西省南昌市）、荆州、益州（四川省成都市）等著名大州市之间，人们凭借长江这条黄金水道的沟通进行着金银珠宝、铜铁陶瓷、锦缎布帛、海味山珍、木竹盐米的大宗贸易，山高水长，就连西蜀一些偏僻的小县也能见到舟船通商的景象。杜甫曾在诗里描写过唐代蜀地水路贸易的繁荣。“山县早休市，江桥春聚船”（《盐亭诗》），是写小县盐亭的水上春运繁忙；“吴樯楚舵纤百丈，暖向成都寒未还”（《秋风二首》），是写从长江中下游乘船去西蜀首府成都的楚、吴客商贸易的兴隆。

李客自己寓居在绵州彰明，他的一个儿子在九江，一个儿子在三峡。他们所处的地方不仅土特产丰富，而且水路畅达，其身边无疑会充满商机，李白的家人当然不会放弃这种经商致富的机会。

有关李白的家人经商的一个最有力的判据，是李白在《上安州裴长史书》里讲的一句话，他说他出蜀不久，曾经“东游淮扬，不逾一年，散金三十余万”。李客与他另外的两个儿子都没有做官，如果他们不经商，是不可能拿出这么多钱供李白在外花费的。

当时有钱的人基本上都有土地经营活动，因此，李客当属一个商人地主。

李客虽然生在西域，但是他继承了祖辈热爱华夏文化、以多文为富、不绝书香的传统。在李白的少年时期，李客就很关心他的学业。李白在《秋于敬亭送从侄耑游庐山序》里回忆说：

> 余小时，大人令诵《子虚赋》，私心慕之。

看来，李客不仅相当富裕，而且有一定的文化修养。因此，李白从小就耳濡目染，受到了良好的教育，发展了天分。

二　青少求知在蜀中

由于李白的家庭富裕，其父有一定的文化修养，所以从童年开始，李白的学业就受到双亲的关注，他三四岁时就跟父亲吟诗写字了。

李白在西域碎叶只生活了5个年头。

神龙元年（705年），李客为躲避西域的战乱，带着全家老小披星戴月、日夜兼程，走河西，涉渭水，南下剑阁，经剑阁栈道入蜀。他尽量避开城邑，不走宽畅大路，不避艰险，跋山涉水把一家人带到了唐代剑南道绵州以北的彰明县青莲乡。

虽说这里位置偏僻，被四山环绕，但由于东边有发源于泯山的涪江陪侍，西边有涪江的支流盘江相伴，山环水抱的青莲乡在河谷小平原的中心显得安详宁静、非常迷人。

西蜀的丘野，气候宜人，没有酷暑严冬、赤热高寒，几乎四季都有姹紫嫣红的不谢之花、绿荫绵绵的常青之草。那里的川原上稻麦挺秀、绿竹掩映，与山峦间的葱郁松柏、珍禽异果争奇斗艳。

难怪李客选择了这么一个归宿。把家安在青莲乡，一来自己好颐养天年，二来给子女开辟了一个良好的生存空间。

再说，自秦惠王灭蜀国，置蜀郡；汉文帝令文翁为太守，办学校、兴教育以来，根深叶茂、源远流长的华夏文化已植根蜀中，并培育出一大批人才；到了唐代，先秦、秦汉和隋唐的诗、文、经、史在蜀中已经浩如烟海。

安定富实、自然与人文和谐成章的良好外部环境，为李白的成长提供了沃土。

入蜀以后，李白在他父亲的督责下，在家寄身于翰墨、专意于典籍，埋头读起书来。他从识甲乙丙丁、子丑寅卯的认字开始，逐步接触了《诗》、《书》、《论语》、《孟子》，以及《老子》、《庄子》、《列子》、《文子》等诸子百家的著作。

李白非常喜欢《楚辞》和汉赋。他曾在《大猎赋》中对辞赋作了这样的慨叹：

> 白以为赋者，古诗之流，辞欲壮丽，义归博远。不然，何以光赞盛美，感天动神。

古典辞赋在阐发政见、记述史实、褒贤遏恶、颂扬功德、鞭挞罪孽时洋溢的恢弘气势、自由格律、抒情笔调和感人韵味，对满怀豪情壮志、立意成就大业的少年李白来说，像一块磁石。辞赋的素质，给他以后的诗歌注入了沸腾的血液。

有一次，李白的父亲教他吟诵司马相如的《子虚赋》，他从字里行间仿佛看见了千里以外的云梦大泽；他念完《湘夫人》中“帝子降兮北渚，目眇眇兮愁予”和《山鬼》中的“若有人兮山之阿，披薜荔兮带女萝”的词句，则思接千载，视通万里，如翱翔在神话中的宇宙太虚。

辞赋中的故事和传闻，使如醉如痴的少年李白浮想联翩。他的眼睛经常带着梦幻般的神色，他聪颖好奇的天性由此而得到了发展。

李白在父亲的指点和母亲的呵护下，安居青莲家中，手不释卷，苦读了10年。

他在《上安州裴长史书》里描述自己如饥似渴的学习劲头时说：

常横经籍书，制作不倦。

聪慧的天性加上勤学苦练，使李白在15岁左右，且根本没有去过东都洛阳的情况下，仅根据有关东都明堂的书载传闻，就写出了气势磅礴、想象丰富、洋洋洒洒1000多字的《明堂赋》。

在《明堂赋》里，李白用夸张的手法赞美了金碧辉煌、巍峨壮丽的明堂：

远而望之，赫煌煌以辉辉，忽天旋而云昏；迫而察之，粲炳焕以照爛，倏山讹而晷换。蔑蓬壶之海楼，吞岱宗之日观。

他进而对唐代的盛世抒发了自己的畅想：

下明诏，班旧章，振穷乏，散敖仓。毁玉沉珠，卑宫颓墙。使山泽无间，往来相望。帝躬乎天田，后亲于郊桑。弃末反本，人和时康。

如果仅从上述畅想来看，《明堂赋》与其说是在颂扬唐代统治者的德政，不如说是少年李白在向世人宣告他的出雄兵以“横八荒”，施仁政以“开混茫”的远大政治理想。

李白在《赠张相镐》里说：

十五观奇书，作赋凌相如。

这句话指的就是上述情况。

按当时的风俗，15岁已算成人。一个成年人想济世经国，必须文经武纬，方显出英雄气概。因此，李白在学业上有了喜人的收获之后，15 岁便练起了剑术。

16 岁那年，束发立志的李白开始独自走出青莲乡，出外开阔眼界、磨炼筋骨。其实这也是他父亲的主意。李客看到儿子还有点稚嫩，不放心马上让他自谋生计、闯荡前程，所以为他构想了一个暂离父母、在外继续学习提高的计划。羽毛未丰的雏燕不能展翅高飞，刚脱乳臭的孩子还不能撒手不管，因此，牵肠挂肚的李客把儿子安排到了一个离家不远的地方，以便能经常给他一些关照。

彰明县北的大匡山（又名戴天山）有一座大明寺，寺里有能文善武的道士。他们既学道家经典，又学占星、占候、占命、炼丹炼药、却疾去病之类的方术。李客叫儿子到大匡山去，一来是为了让他在环境幽静、古香古色的大明寺里好好读书深造，二来是为了让他学一点世外的神功玄学，练一练道家的剑术真功，使羽翼更加丰满。

李白上大匡山读书的情节，《绵州图经》里有如下的记载：

> 戴天山，在县（指彰明）北五十里，有大明寺，开元中，李白读书于此寺。又名大康（匡）山，即杜甫所谓“康（匡）山读书处”也。

开元六年（718 年），18 岁的李白转而将视线投向了梓州（治所在今四川省三台县），原因是有一位令人景仰的隐士住在那里。

这位隐士姓赵名蕤，字太宾，当时隐居在盐亭城西的昙云庵。赵蕤为汉儒赵宾之后。他年轻的时候曾赴东都洛阳应试，但屡试不第，便对刻板乏味、死记硬背的封建科举丧失了兴趣，于是归卧山中，隐逸仙居，著书立说。他既不纵情于诗文酒色，也不刻意于仕途功名，在“博考六经诸家同异”（《四川志》）之后，赵蕤糅合儒、道、兵、法诸家思想，兼收并蓄，于开元四年（716 年）编撰了一部论述文韬武略的谋略全书《长短经》。该书涉及了君臣德行、任人用长、钓情察势、霸略权变等内容。由于这部纵横学著作对于人们奉上御下、结盟御敌、公关游说、为人处世很有借鉴作用，所以《长短经》为历代帝王将相所共悉，被尊奉为小《资治通鉴》。当赵蕤因《长短经》而显名于世以后，据传，唐玄宗曾三次征召他做官，但他宠辱不惊都不受用，因此人们又称他为“征君”。

蜀中名士孙光宪在《北梦琐言》中还评论赵蕤说：“夫妇皆有节操，不受交辟。”

既然赵蕤是一位学识渊博、气节高尚的人，就势必会感召李白这样的胸怀大志、追求卓越的青年。因此，李白离开家乡彰明，先走江梓古道，再沿潼江左岸南下盐亭，前去拜师从学。

李白跟赵蕤习琴于飞龙泉畔，学剑于昙云庵后山，写诗作赋洗笔于云溪边的濯笔潭。他们不仅与松柏为伴，而且与猿鸟为伍。传说赵蕤驯养的林间雀鸟，能飞到手中取食，人们见了都十分惊奇。仅一年多时间，赵蕤的独特志趣就对李白产生了潜移默化的影响。

在《上安州裴长史书》里，李白对上述生活做过这样的描述：

> 昔与逸人东岩子隐于岷山之阳，白巢居数年，不迹城市。养奇禽千计，呼皆就掌取食，了无惊猜。

这一段话里所说的逸人“东岩子”，是当地人对赵蕤的俗称。

“修营别业，傍山带江，尽幽居之美”的风尚，在唐代经济宽裕的文人、隐士中比较流行。李白在盐亭期间曾游历过县城东南百里之外的赵蕤庄园。在那里，他结识了另一位盐亭学人，就是孝廉王文灿。

开元八年（720 年），李白 20 岁。

他听说朝廷要派礼部尚书苏颋出任益州（治所在今四川省成都市）长史，苏颋到任前要路过绵州，心里非常高兴。苏颋不仅在上任以后是益州的高官，而且是与张说齐名的大文学家，一个羽毛刚丰、有志怀才的后生，若有幸受到苏颋的赏识甚至举荐，那当然是梦寐以求的事。因此，李白与赵蕤惜别之后就带着自己的诗稿匆忙赶往通向成都的大路去迎候苏颋。

后来，他在《上安州裴长史书》里回忆遇见苏颋的情景时写道：

> 白于路中投刺，待以布衣之礼。因（其文）谓群僚曰："此子天才英丽，下笔不休，虽风力未成，且见专车之骨（文章有骨力）。若广之以学，可以相如比肩也。"

除了"风力未成"是年轻人难免的不足之外，苏颋说的都是称赞李白的话。然而令李白遗憾的是，他并没有因为苏颋的这一番夸赞而走上仕途。

在20岁以后的几年中，李白不仅读书学道、作诗习剑，还游历了不少蜀中名胜。

唐代盛行道教。这不仅仅因为唐高祖在太原起兵反隋时曾得到道士王远知等人的帮助，而且还出于唐代皇室与道家思想体系创始人老子李聃同姓，以及道家学说对政权有利的缘故。

老子认为，"道"是一种"先天地生，寂兮寥兮，独立不改，周行而不殆"的事物，它既能超然独处，永恒不变，又可以在运用中应万变。这对于统治者想把"天子"的权势永久化，把皇帝个人的意志随心所欲化的企图来说，是不谋而合。

唐朝立国以后，皇帝把李聃说成是自己的祖先，追尊他为玄元皇帝，并建立老子庙加以供奉。为了增强"道"的归化力，让人们臣服于“道”，当时的法律还规定给予道教徒特殊的待遇。道士犯罪，“所由州县官，不得擅行决罚”（《唐会要·尊崇道教》）。一时间，全国各地道观林立，连唐玄宗的两个妹妹金仙公主和玉真公主也做了女道士。

在这种时代风尚面前，李白也染上了学道求仙的习气。他在《感兴八首》其五中说：

十五游神仙，仙游未曾歇。

这句话述及了他学道求仙的最早历史。

当我们独自审视某一事物时，总会发现它与其他事物紧密相连。我们与自然界的其他事物浑然一体，属于自然界的一部分。我们既离不开食物，也离不开大自然的壮美。大自然可以治愈人的伤痛，并赋予人的身体和灵魂以力量。自然中集人世间的赞美与欢乐于一身的令人叹为观止的景色，对于渴望真谛的李白来说，是充满无限诱惑的梦境。

青城、天彭、峨眉等西蜀名山，都是青年李白神往的对象。他在游历中，不仅从紫气缭绕、绣岭蜿蜒的碧海丘陵，奇峰挺拔、积雪皑皑的巍峨山巅获得了五彩缤纷的视觉享受，吸取了自然造化给予的丰富营养，而且在道观古刹，接受了方士仙术超尘出世的熏陶。

道不同，不相为谋。李白在游峨眉山的时候结识了青年道隐者元林宗（字丹丘），两人志趣相投，后来成了最好的朋友。李白在50岁时写过一首《秋日炼药院镊白发赠元六兄林宗》诗，诗里提到了他与元丹丘肝胆相照、患难与共的往事：

弱龄接光景，矫翼攀鸿鸾。

投分三十载，荣枯同所欢。

李白在游峨眉山以后写过一首《登峨眉山》。全诗如下：

蜀国多仙山，峨眉邈难匹。
周流试登览，绝怪安可息。
青冥倚天开，彩错疑画出。
泠然紫霞赏，果得锦囊术。
云间吟琼箫，石上弄宝瑟。
平生有微尚，欢笑自此毕。
烟容如在颜，尘累忽相失。
倘逢骑羊子，携手凌白日。

益州首府成都，织锦业很兴旺。当地人把织造锦缎的作坊叫作“锦院”，织工聚居的地区叫作“锦里”，濯洗锦缎的江河叫作“锦江”，甚至给整个织锦业兴旺的成都取了个“锦城”的名字。

就蜀中而言，成都不仅手工业发达，而且商铺云集。在那里既可以买到本地的土特产，又可以买到从长安、洛阳、荆州、扬州、越州运来的货物。因此，它无疑是李白向往的地方。

李白到成都以后，首先游览了散花楼。该楼是隋文帝的第四个儿子杨秀掌管兴建的，它雕栏绣户、气派高雄、十分壮观。李白在散花楼上极目远眺，成都平原河渠纵横、春意盎然的景色一览无余。玉般年华但尚未得志的李白心头的愁云，顷刻间就被登楼赏景的兴奋所驱散。在《登锦城散花楼》一诗里，留下了关于此情此景的记录：

日照锦城头，朝光散花楼。
金窗夹绣户，珠箔悬银钩。
飞梯绿云中，极目散我忧。

暮雨向三峡，春江绕双流。
今来一登望，如上九天游。

登散花楼以后，李白游览了西汉著名辞赋家司马相如（前179年—前118年）的琴台和另一辞赋家扬雄（前53年—18年）的故居子云亭。抚今追昔，李白对先贤们故有的仰慕之心和触景生情而来的缅怀之意，在他心里深埋下追求大义伟名的种子。李白在《上安州裴长史书》里说：

士生则桑弧（弓）蓬矢，射乎四方。

这句话表达了当时青年李白的远大志向。

苏颋在去益州上任的途中看完李白的诗赋，曾说过“风力未成”的话，这或许是苏颋没有推荐李白的原因之一。因此，李白在游罢西蜀名山和益州首府成都以后，重上了大匡山。他决心在那里继续读书写作，再做一番深造。

在大匡山期间，李白在攻读之余还经常拜访道士，以求道术。有一次，他没有遇见那位要找的道士，后来写了一首《访戴天山道士不遇》以记其事。诗中写道：

犬吠水声中，桃花带露浓。
树深时见鹿，溪午不闻钟。
野竹分青霭，飞泉挂碧峰。
无人知所去，愁倚两三松。

短短的五言八句，巧妙地糅进了青、碧；深、浓；犬、鹿；桃、树、竹、松、花；水、露、霭；溪、泉；钟、峰、人、午等自然要素，以及吠、带、见、闻、分、飞、挂、知、愁、倚等行为。

这足以说明，此时李白运用文字的技巧已提高到成熟的地步。

春华秋实。两三年过后，李白对自己的学识和阅历更加充满了信心，他仿佛感到自己在近20年的蜀中生活里积蓄起来的力量已经达到“骐骥筋力成”，“大鹏羽翼张，势欲摩穹昊”（范传正《唐左拾遗翰林学士李公新墓碑文》）的地步。于是，到更广阔的天地去施展才华、捐献抱负的雄心就势不可当。

开元十二年（724 年），24 岁的李白硕果累累地下了大匡山，他全身涌动着吞云吐雾、高飞远翔的热流。

李白到江油告别亲人以后，立即踏上了万里征途。

《上安州裴长史书》里有李白关于这段往事的回忆：

> 大丈夫必有四方之志。乃仗剑去（蜀）国，辞亲远游。

李白这一去，说不清是三年两载，还是十年八年，所以他出蜀前重访了一些故地。

成都是益州的首府，当然应该去看一看；峨眉山云浓雾重、寺庙林立，有“两山相对，望之如蛾眉”（《元和郡县志》）之态，它自然也是李白要去惜别的地方。

这一年秋天，李白从峨眉山下的清溪驿乘舟出发，沿平羌江（今四川省青衣江）入长江东下，开始了他平生第一次长江万里行。在途中，李白临风对月，颇有感触，吟咏了一首《峨眉山月歌》，以记述他在这一重要历史时刻的心情：

> 峨眉山月半轮秋，影入平羌江水流。
> 夜发清溪向三峡，思君不见下渝州。

这首诗不仅语言非常朴实，而且情调十分平缓。简单地从字面上看，看不出人在即将长期远离故土以前常有的那种感情激动和缠绵，它不像一篇大作。然而，只要把李白24年的成长过程联系起来仔细想一想，就不难发现它是一首千古绝唱。

“山月”和“夜发”，都显得格外宁静。诗人仿佛是在宁静中安然地述说，既然是一支“射乎四方”的“蓬矢”，离了弦就义无反顾地飞吧，用不着有什么顾忌；“江水”和“清溪”在夜幕下看起来也很平静，但是转瞬即逝的奔流，平静的下面不平静。联想到这种看似平静的不平静，诗人仿佛在“思君不见下渝州”的这种直言背后诉说着这样的心声：心雄与落魄的矛盾是暂时的，渝州过后，远游过后，世人迟早会听到我的佳音！

是的，不仅唐代开元天宝年间的学士，而且生活在宋、元、明、清的人们，以及今天全世界的炎黄子孙，都听到了他的佳音。

李白用他的1000多篇诗文为自己赢得了“诗仙”的美誉。

三　长江万里初次远游

唐代的四川，西部为蜀郡，东部为巴郡。高山环绕的巴蜀盆地在先秦时期自成一个小世界，当地的土著奉蚕丛、鱼凫为王，他们与巴蜀以外的社会从未有过大规模的接触。李白《蜀道难》诗里说：

蚕丛及鱼凫，开国何茫然。
尔来四万八千岁，不与秦塞通人烟。

公元前 316 年，秦惠王使司马错灭蜀国，后又灭巴国，自此，华夏文化的浪潮才波及巴蜀。

与秦巴通联相比，巴蜀靠长江与外界的沟通要早得多。

四面八方落进巴蜀的雨水，先汇集成南北走向的岷江、沱江、嘉陵江和乌江，再由西向东逐一汇入长江。

巴蜀的陆路交通十分闭塞，在古代想进出巴蜀，别说是骑马坐车，即使是肩挑背扛也步履维艰，没有人不因此而像李白在《蜀道难》诗里写的那样，深深叹息：

危乎高哉！蜀道之难，难于上青天。

可是横贯四川的长江则不同，它滔滔不绝的江水不仅像乳汁般地世代养育了巴蜀人民，而且用这条可以行船泛舟的宽畅水道，构筑成一条人和物的大通道。起源于武落钟离山（今湖北省长阳土家族自治县渔峡口镇的柳山）的巴人，千万年来，既翻山越岭横跨险峻重叠的巴山进入巴蜀，又不畏艰险逆水行舟经长江三峡上四川。

巴蜀境内的丘陵、平坝、高山之间，沟壑纵横、峡谷锁闭，乘舟沿蜀江东下则快速、轻便、神秘，刚出三峡，就到了荆门（今湖北省宜昌县猇亭镇）。荆门山和虎牙山在这里南北对峙，好像是荆州的大门。长江一流过这道“荆门”就进入了另一个世界。崇山峻岭至此，止住了脚步；东行不久，回头看再也望不见连绵的巴山。

过去，李白在益州成都听越州商人炫耀过剡中（剡溪或耶溪中游的嵊县，今浙江省嵊州市），说那里山好、水好、鲈鱼肥。出蜀之前，李白心往神驰的计划是一出三峡就直下越州游剡中，从长江的西头走到东头。因此，他一过荆门就认为是出了山的“苦海”，立刻想起了剡中的好事。在兴奋之际，李白写了出蜀之后的第一首诗《秋下荆门》。诗中写道：

霜落荆门江树空，布帆无恙挂秋风。
此行不为鲈鱼脍，自爱名山入剡中。

他刚写完这首诗不久，就改变了主意，原因是近20年来李白看惯了“上有六龙回日之高标，下有冲波逆折之回川”（《蜀道难》）的蜀中景象，过荆门以后，让他目不暇接的则是长江水阔浪缓、遥接天边；江两岸川原坦荡、夜色美妙的截然不同的荆楚独具魅力的雄浑景色。这种突然从山间到平原的视觉解放，导致了他的胸怀宽广、意境奔放。楚国博大风物所引起的震撼，使李白放慢了东去的步伐，他出蜀之初的大作《渡荆门送别》一诗悄然而生。诗里写道：

渡远荆门外，来从楚国游。
山随平野尽，江入大荒流。
月下飞天镜，云生结海楼。
仍怜故乡水，万里送行舟。

这首诗的标题，需加一句“乘舟远行赴荆门，蜀水送白至楚国而别蜀国”的解释；诗句表达的情景，则十分直白、一目了然。

《渡荆门送别》一诗的前两句，指明了李白视觉解放的时间为刚出蜀国的“楚国游”时，而地点则在“荆门外”。

诗的三、四两句为妙语绝句。虽然现代缓缓转动的影视摄像镜头能轻易地捕捉到“山随平野尽，江入大荒流”的大视角、全方位动感场面，但是仅用10个素淡的字眼，就酣畅淋漓地把1000多年前的楚国巫山和江汉平原风光活灵活现地展现在21世纪的人们面前，则绝非易事。古今中外通晓汉文化的人，爱李白的诗歌久盛而不衰，是与李白诗歌形象逼真的动感意境、色彩斑斓的绘画语言、朗朗上口的音乐韵味的无穷魅力分不开的。

诗的五、六两句也是在作大视角写景，但与三、四两句的完全白描不同，这两句渗入了比拟和夸张的浪漫情调。

这首诗的最后两句与《峨眉山月歌》的最后两句一样是抒情的，但两者在情态上却相反。平静的“夜发清溪向三峡，思君不见下渝州”，是李白身在蜀中20年，足未出蜀，乡情无由猛然喷发的一种反映；李白对已经送他出蜀，并将继续伴他远游的“万里送行舟”的“故乡水”一片至诚的怜爱，则是他在离开巴山蜀水身处异乡时，眷恋巴蜀第二故乡的乡情自然流露。

这种游子乡情，直到李白晚年还不时萦绕在他的心头。比如，他后来曾写过一首《静夜思》，其诗有云：

床头明月光，疑似地上霜。
举头望明月，低头思故乡。

又如，有一次李白遇见了在淮南庐江做官的蜀中友人王文灿，而王文灿当时正欲西归省亲，于是李白用音调悠扬婉转、情寓意味深长、节律行云流水般的格调写了一首情文并茂的《送王孝廉觐省》相赠。其诗有云：

彭蠡将天合，姑苏在日边。
宁亲候海色，欲动孝廉船。
窈窕晴江转，参差远岫连。
相思无昼夜，东泣似长川。

《书经》中的《禹贡》篇所说的彭蠡，即今天江西省南昌市东北150里处的鄱阳湖。其宽40里，长300里，涨水时弥渺数百余里，无复畔岸，一眼望去，鄱阳湖水的长波与天相合。姑苏即江南东道吴郡的苏州，因其靠近东海，是最早看到日出的地方，故云在日边。李白借送王文灿回蜀中探亲一事，抒发了他思故乡、思亲人以至无比痛切的深情。

李白在《峨眉山月歌》、《渡荆门送别》，以及《静夜思》和《送王孝廉觐省》里寄寓的情感，自然真切、质朴感人。读了李白的诗歌就能触摸到他爱河永泻的内心世界，这是他的诗歌高于那些矫揉造作、晦涩难懂的诗歌的重要原因之一。

李白欣赏着楚国的风光，心旷神怡。不知不觉，日色向晚。忽然间，他从船舷的左前方远远地看见了城市的灯光，那闪亮的光辉招呼着远方的客人，这就是荆州的首府江陵。李白来到了历史悠久、文化灿烂的荆楚胜地，激动的心情不言而喻。

荆州在中国历史上的重要性，与它优越的地理位置有关。它处于古代中国内陆的十字路口，东西南北的人西上巴蜀、东下淮扬、北去京洛、南往湘黔，常常要从它的身边经过。

早在春秋战国时期，楚国曾一度为中国幅员最广、国力最强的国家。它不仅拥有荆州、扬越、淮夷富甲天下的农业、手工业和冶炼业，而且有以老庄道学、屈宋辞赋为代表的精湛文化。即使秦汉以来荆州的政治地位已经衰落，首府江陵的市井繁华、文化兴盛和百业发达，仍不亚于成都。因此，李白到了江陵，自然要游览一些日子。

楚国的首都郢城，在纪山之南，所以又称纪南城。它是李白首先要去的地方。楚灵王在距今2500多年前建在江陵的章华宫，虽然只剩下遗址，也是李白的必游之处。

李白从西蜀不远千里“来从楚国游”，当然不会止步于一般性的访古览胜上面，到楚国的文化宝库中去吸取精神营养，是他在江陵期间的生活主线。

我国古代最伟大的浪漫主义诗人屈原（前340年—前277年）是楚国人。楚怀王时，他“联齐抗秦，选用贤能”的主张受到靳尚等人的诽谤，被放逐汉北。为表达对楚国的忠贞之心，他写了我国古代最长的2400多字的诗歌《离骚》。后来，他遭到上官大夫的谗言而被放逐江南，由于他不忍看到楚国的沦亡，所以投汨罗江自尽。为了纪念这位古代爱国主义诗人，人们将其忌日定为传统节日“端午节”。

屈原创立的波澜起伏、千姿百态、雄伟奇观的《楚辞》骚体，为其后的诗歌创作开辟了广阔的空间。

早在蜀中时期，李白就崇拜过屈原的卓绝才华和爱国情操，到了楚国的故都，他肯定不会错过拜读以屈原作品为代表的楚国经典著作的机会。

诗歌《秋日与张少府楚城韦公藏书高斋作》，是李白在游览纪南古城，参观韦公藏书之后的作品。诗的前两句写道：

日下空亭暮，城荒古迹余。

这里所说的“城”，指的就是距今有2000多年历史的楚纪南城；诗里所说的“荒”，当指公元前278年秦将白起克郢之后，纪南城渐渐衰落的景象；而“古迹余”，无疑就是昔日辉煌的佐证。

诗的七、八两句写道：

采云思作赋，丹壁问藏书。

其中的“采云”与“作赋”，说的是昔日楚襄王与屈原的弟子宋玉游云梦之台的故事。当时楚襄王望高之观，其上独有云气，须臾之间，变化无穷，故问玉曰：“此何气也?”玉对曰：“所谓朝（彩）云者也。”王曰：“试为寡人赋之!”玉曰：“唯唯!”于是，宋玉写了一篇《朝云赋》。

我们从“采（彩）云思作赋，丹壁问藏书”这两句可以清楚地看出，李白在江陵期间是把主要精力投入到学宋玉的《朝云赋》而“思作赋”，有疑难到韦公藏书高斋的丹壁前“问藏书”上面去了。

江陵流行的荆州花鼓调，在西晋以后的南朝乐府里叫作“西曲”。李白在客舍、酒楼听了歌女唱的西曲，感到它的曲调比巴蜀一带的歌谣优美；它的歌词也更为清新喜人，因此收集了不少。

李白根据在江陵的见闻，模仿荆州歌谣中讲述的故事，想象出一首题为《荆州歌》的诗歌。其诗有云：

白帝城边足风波，瞿塘五月谁敢过。

荆州麦熟茧成蛾，缫丝忆君头绪多，拨谷飞鸣奈妾何。

这首诗的乡村气息非常浓郁，诗中所用的“麦熟”、“缫丝”、“茧成蛾”，都是每年五月的农事。自称为“妾”的荆州女子，在缫丝的时候所“忆”的“君”，是她从事商贸活动，必须上三峡“足风波”的丈夫。由于五月间白帝城边的瞿塘峡江流湍急，劈风斩浪上三峡充满了危险，所以作为妻子，自然会因为担忧而“头绪多”。那些围绕在她周围飞鸣不已的“拨谷”（布谷）鸟，或者还包括那些在她面前调笑献媚的人，则没有这么荣幸。叫声也罢，媚脸也罢，都不会在“妾”的心上引起波澜。

在《荆州歌》里，李白精心刻画的钟情于上三峡“足风波”的“君”的那位“妾”的情感，和今天我国西北民歌“赶牲灵”里唱的“你要是我的哥哥就招一招手，你不是我的哥哥就走你的路”，以及和新疆“姑娘追”中对着情人高举鞭子，对着旁人抽几鞭子的民风如出一辙，都表达了中华民族传统婚姻与爱情的专一。这种对稳定的婚姻、家庭的美满，对于中国历代习惯于以“一统”作为华夏安定进步基础的认识来说，是一种无形的支持。

李白这个24岁的青年人，一出巴蜀，不仅能写出这么含蓄、生动的隐意情诗，而且在简短的诗里还摆满了逆水行舟、劳动生产和鸟飞鸠鸣的画面。他的这一飞速进步，是与荆楚深厚的文化积淀对他的滋养分不开的。

在江陵期间，李白仍然不忘寻仙问道。后来在《大鹏赋》的序文中，李白记述了他与隐居于荆门马良山炼丹的天台山道士司马子微（又名司马承贞）会见的情景：

> 余昔于江陵见天台司马子微，谓余有仙风道骨，可与神游八极之表，因著《大鹏遇希有鸟赋》以自广。

李白在开元十二年秋到达江陵，一直逗留到第二年的初春才离开。

他从江陵出发走了十几天，到达鄂州蒲圻县（今湖北省赤壁市）以西百余里的一处江段。在蜀中读书时李白已熟悉三国故事，当他看到这里的江南岸赤壁山悬崖临江，江北岸是一片乌林的时候，立刻联想起诸葛亮在这里草船借箭，东吴破曹军火烧连营的往事。于是，他下了船，然后登上赤壁山凭眺怀古，临走时触景生情，写了一首《赤壁歌送别》。诗中写道：

二龙争战决雌雄，赤壁楼船扫地空。
烈火张天照云海，周瑜于此破曹公。
君去沧江望澄碧，鲸鲵唐突留余迹。
一一书来报故人，我欲因之壮心魄。

过了赤壁，李白来到了沔州汉阳县，隔水相望，江南就是鄂州江夏县（两县皆在今湖北省武汉市境内）。

李白自幼喜爱山水，但是巴蜀境内江河狭窄，没有大湖，在蜀中看水不如看山。可是，到了汉阳、江夏，情况就大不一样。这里地处江汉平原的腹地，是古云梦泽所在的地方，由于长年泥沙沉积而形成的河道，江宽水阔，水明山妍。赶上了春暖花香的时节，汉阳、江夏的碧树芳洲，千姿百态、美不胜收。这里水中有山，山不太高，但却是一片葱郁；这里四面有水，楚水清渺，仿佛是水的迷宫。

李白置身于千湖星罗的江汉平原中部，眼前呈现出汉阳、江夏青山似连珠，黄鹤（楼）崭翠梁般的绮丽景色。

在这里，他感受到了时间的无穷感和亲切感。无穷感是指时间的浩瀚，是指宇宙在人们面前展开的这一宏伟气度；而亲切感则是指目睹这一秀丽景色时的美好体验。

李白一到江夏，就迫不及待地上了黄鹤山（今武汉市的武昌蛇山），登了黄鹤楼。

《元和郡县志》记云："黄武二年（223 年）城江夏，以安屯戍地也。城西临大江，西南角因矶为楼，名黄鹤楼。"相传，仙人王子安乘黄鹤经过这里时，曾在黄鹤山的矶石上歇息过；三国时的蜀人费文伟，曾经由此楼乘鹤登仙而去。

与李白生活于同一时期，而先于李白辞世的唐代大诗人崔颢，曾在游览黄鹤楼之后写过一首七言律诗《黄鹤楼》。诗中写道："昔人已乘黄鹤去，此地空余黄鹤楼。黄鹤一去不复返，白云千载空悠悠。晴川历历汉阳树，芳草萋萋鹦鹉洲。日暮乡关何处是，烟波江上使人愁。"李白在登黄鹤楼凭眺赏景，且读罢崔颢的千古佳作之后，惊于神色，敛于手笔。他不去言楼，而只去说山，写了《望黄鹤山》一诗。诗中写道：

东望黄鹤山，雄雄半空出。
四面生白云，中峰倚红日。
……
颇闻列仙人，于此学飞术。

与江夏城一水相隔的汉阳县，有一位十分好客的王县令。他与李白一见面，很快就对这位才华出众、气度不凡的益州公子产生了敬慕之心。李白在王县令府上住了几日，每天两人一起听歌观舞、饮酒谈诗，从此，他们结下了深厚的友情。

当李白正欲启程下江东的时候，他在汉阳遇见了蜀中友人吴指南。这位友人和他一样，不仅是初次出蜀游江南，而且也是经过了洞庭湖没有游洞庭。吴指南在江夏听人说过潇湘的斑竹、湖南的绿水别具一格，因此劝李白与他同行游览。

在江汉作客期间，李白被汉阳春风吹拂的柳条柳絮，以及王宰盛情的款宴和楚风楚韵的轻歌曼舞所陶醉，心荡神迷之际，他在发往洞庭的船上写了《望汉阳柳色寄王宰》一诗，用以托书肯定他游罢剡中还将“西来”再会的约期。李白在这首诗里写道：

汉阳江上柳，望客引东枝。
树树花如雪，纷纷乱若丝。
春风传我意，草木度前知。
寄谢弦歌宰，西来定未迟。

巴陵（今湖南省岳阳市）城西的洞庭湖中，有一座湖抱水绕的君山；巴陵城内，洞庭湖边，有一座气宇轩昂的岳阳楼。乘船只要一进洞庭湖口，有君山导航、岳阳楼指路，自然能够找到巴陵城。

开元十三年（725 年）暮春，李白登上了岳阳楼。他一边与几位友人在岳阳楼下榻行杯、吟诗助兴，一边凭栏远眺。春暖花香，风和景明，情欢心乐；洞庭湖一望无垠，波澜不惊；巴陵城东山接天外，岳阳楼下薄雾轻缭。他仿佛感到自己置身于天上云间。与李白同行的当地公子夏十二很欣赏李白超尘出俗的文采，散宴前请他题诗留念。李白挥翰雾散、下笔成章，一转眼就写了一首《与夏十二登岳阳楼》。其诗如下：

楼观岳阳尽，川迥洞庭开。
雁引愁心去，山衔好月来。
云间连下榻，天上接行杯。
醉后凉风起，吹人舞袖回。

趁着游兴，李白乘舟沿湘江南行，他想去苍梧瞻仰中华先帝的陵园。

《竹书记年·帝舜有虞氏》载：“三十二年，帝命夏后总师，遂陟方岳。”是说舜帝从61岁登临帝位，经过了32年，也就是93岁的时候，命令夏禹做摄政帝，自己就升道南方巡狩。

《史记·五帝本纪》载：“（舜帝）南巡狩，崩于苍梧之野，葬于江南九疑，是为零陵。”

《山海经》里说：“南方苍梧之丘，苍梧之渊，其中有九疑山，舜之所葬，在长沙零陵界中。”郭璞在为这段话加注时说：“古所称苍梧之野，其地甚广，凡九疑山周边数百里，湘之南、桂东北、粤西北，兼跨而有之。”总而言之，苍梧之属邑，距湘水源头不远。

由于大舜出生贫贱，能团结民众发展生产，以孝友闻名，被尧举为天子，以娥皇、女英二女许配之。

晋张华《博物志·史补》云：“帝崩，二妃啼，以涕挥竹，竹尽斑。”今江南有“斑竹”、“湘妃竹”之说，盖出于此。

李白在《远离别》诗里记叙了此事。其诗有云：

> 远离别，古有皇、英之二女，乃在洞庭之南，
> 潇湘之浦。
> ……
> 舜野死，九嶷联绵皆相似，重瞳孤坟竟何是。
> 帝子泣兮绿云间，随风波兮去无还。
> 恸哭兮远望，见苍梧之深山。
> 苍梧山崩湘水绝，竹上之泪乃可灭。

李白到永州零陵（今湖南省永州市）之后，还没来得及去寻找舜帝的陵墓，就因为蜀中友人吴指南患病而结束了此行。

不幸的是，吴指南在返回巴陵后病逝。李白为其服丧，十分悲痛。他后来在《上安州裴长史书》里回忆这段往事时说：

昔与蜀中友人吴指南同游于楚，指南死于洞庭之上，白禫服恸哭，若丧天伦（指兄弟）。

李白把吴指南暂时安葬到了洞庭湖边，然后便于这年夏天乘船下江东。

楚山断块赠江州（治所在浔阳，今江西省九江市）。坐船从这里经过，无疑会被谷深峰险、平地兀立的庐山所吸引。

由于庐山一带雨量充沛、林木茂盛，所以匡庐诸峰云雾壮观，高山瀑布四时涓盈。李白在香炉峰看到瀑布从断岩陡壁挂流而下，峰高水长，妙意横生，因此写了《望庐山瀑布》二首，以誉景称意。

他在诗之其一中写道：

西登香炉峰，南见瀑布水。
挂流三百丈，喷壑数十里。

瀑布的流水如条条珠玉，缀饰其间。“三百丈”瀑布水帘；“数十里”水花雾气，这么雄伟的气势，谁能不惊愕赞叹。

接下去他又写道：

而我乐名山，对之心益闲。
无论漱琼液，且得洗尘颜。
且谐宿所好，永愿辞人间。

虽然蜀中多名山，李白爱名山，但是香炉峰瀑布给他的感受是“心益闲”。由此可见庐山瀑布之奇妙，以至于他要把瀑布水当成琼浆玉液，用它来健心脾、洗尘颜。不仅如此，他还想住在瀑布旁边，与相亲相爱的人朝夕相伴，不迹尘世，永辞人间。

诗人在追求或者面对完美境界时，常常会使用夸张的说法。在《望庐山瀑布》诗里，这种夸张说法不仅表达了李白对庐山瀑布的赞美，而且表达了他对隐逸仙居、餐松饮涧、返璞归真的自然情趣的痴心爱恋。

金陵（楚时之称，今江苏省南京市）自孙权定吴都起，历南朝东晋、宋、齐、梁、陈几代，被称为六朝右都。李白下了庐山，在去剡中的途中，一心所想就是先游览金陵。

虽然隋代立国，金陵失势，已过去100多年，但是它作为一个六朝古都，还是有不少遗存。金陵城中的夫子庙，殿宇相连、楼寺相通；金陵城南的秦淮河，烟月迷蒙、灯红水碧。不过，李白在出蜀以前到过成都，出蜀以后到过楚都江陵，因此，他游览了金陵的街市、风景，并没有感到多大的震撼，只是到了月夜，他把白日里的见闻和金陵的过去加以联想，才感到这里面有值得深思的地方。

《金陵三首》是他这时的作品。

诗之其一有云：

晋家南渡日，此地旧长安。
地即帝王宅，山为龙虎盘。
金陵空壮观，天堑净波澜。
醉客回桡去，吴歌且自欢。

诗之其二有云：

地拥金陵势，城迴江水流。
当时百万户，夹道起朱楼。
亡国生春草，王宫没古丘。
空馀后湖月，波上对瀛洲。

诗之其三有云：

六代兴亡国，三杯为尔歌。
苑方秦地少，山似洛阳多。
古殿吴花草，深宫晋绮罗。
并随人事灭，东逝与沧波。

《月夜金陵怀古》诗有云：

苍苍金陵月，空悬帝王州。
天文列宿在，霸业大江流。

“金陵”、“帝王”、“霸业”，都是象征权力的字眼；而“空悬”和“江流”，虽然看起来孤高漫长，但是与“天文列宿”这类宇宙星辰的永恒存在来对比，毕竟渺小短暂得多。轰轰烈烈的帝业尚且有转瞬即逝的短处，更何况俗人的匆忙一生呢？每当李白受到这一启示，就会加快他追寻人生真谛的步伐。

李白第一次到金陵没有长住，他打算接下去先游广陵（今江苏省扬州市）、苏州、杭州、会稽（今浙江省绍兴市），然后去剡中，等到从西向东看了一遍世界，再决定怎样去生活。

在这年的一个夏夜，李白乘舟离开了金陵。

他在途经金陵城边的征虏亭时，看到皎月映照下的山花好像少女含羞带笑的脸颊；江上疾驰的船舸上的灯火，有如在夜空翩翩飞舞的萤虫。良宵美景使他灵感一动，吟出了题为《夜下征虏亭》的绝句：

船下广陵去，月明征虏亭。
山花如绣颊，江火似流萤。

诗的高潮在三、四两句。这两句语意独立，不仅对仗工整、音韵流畅，而且比拟绝妙、意境精美。李白用这两句百锤千炼的绝唱把汉字言简意赅的功力发挥得淋漓尽致，充分显现了他落笔生辉的诗仙风采。

扬州位于苏北大运河畔。从金陵出发，东下瓜州，北上运河，不远即是。

在楚吴时代，扬州曾是齐鲁通往吴越的一处交通咽喉；到了隋唐时期，它已是淮南的一个大都会。虽然扬州与金陵相比，古迹不多、城郭不大，但是它在淮南四通八达的地位，使它的工商之盛、富庶繁华远远超过了金陵。

扬州城里寺、塔散落；古运河上楼影叠映；大街小巷夜市千灯；南柳、粉庄巷内热闹；歌楼妓院苏唱相闻。淮南生活的诸多享受，使李白一到扬州就乐不思蜀。他从夏季游到深秋，又从冬天玩到春暮，把在《秋下荆门》诗里所说的“此行不为鲈鱼鲙，自爱名山入剡中”的计划忘到了脑后。

西灵塔是扬州的一处胜景。李白于开元十三年秋天登塔赏景，随后在《秋日登扬州西灵塔》一诗里叙说了观感。诗中写道：

宝塔凌苍苍，登攀览四荒。
顶高元气合，标出海云长。
……
目随征路断，心逐去帆扬。
露浩梧楸白，霜催桔柚黄。

高邮湖在扬州城北郊外的运河边，其狭长如瓶，是李白泛过舟的地方。游湖天晚，李白曾在当地的一位名叫常二的文士家留宿，后来他重游扬州又去过常二家，并写了《之广陵宿常二南郭幽居》

一诗。其诗有云：

绿水接柴门，有如桃花源。
忘忧或假草，满院罗丛萱。
暝色湖上来，微雨飞南轩。
故人宿茅宇，夕鸟栖杨园。
还惜诗酒别，深为江海言。
明朝广陵道，独忆此倾樽。

广陵与金陵，只相距100多里，两地的文人墨客、豪士公子经常结伴互访。李白在扬州期间，有时也去金陵兴会散心。

他在金陵结识了不少朋友。

江南西道宣州南陵（今安徽省南陵）县的少府韦冰就是其中之一。韦冰与李白意气相合，他很赏识李白俱收并蓄、笔翰如流的才学，曾邀请李白游览过南陵。

李白在《与南陵常赞府游五松山》一诗中写道：

五松何清幽，胜境美沃州。
萧飒鸣洞壑，终年风雨秋。
响入百泉去，听如三峡流。
剪竹扫天花，且从傲吏游。

江南西道池州秋浦（今安徽省贵池市石台县）的柳少府、崔少府也在李白的朋友之中。

李白的《赠秋浦柳少府》诗有云：

秋浦旧萧索，公庭人吏稀。
因君树桃李，此地忽芳菲。

摇笔望白云，开帘当翠微。
时来引山月，纵酒酣清晖。
而我爱夫子，淹留未忍归。

李白的《赠崔秋浦》诗之其二有云：

崔令学陶令，北窗常昼眠。
抱琴时弄月，取义任无弦。
见客但倾酒，为官不爱钱。
东皋多种黍，劝尔早耕田。

金陵还有一个名叫卢六的士子与李白交情颇深。心烦的时候，他们在一起饮酒开怀、听歌解闷；高兴的时候，李白还带上书童丹砂去找卢六一起弹琴吟诗、看舞观伎。

《出妓金陵子呈卢六》诗四首之其四里就有关于这种生活的描述。诗中写道：

小妓金陵歌楚声，家童丹砂学凤鸣，
我亦为君饮清酒，君心不肯向人倾。

自从西晋在中原的统治被入居内地的北方民族推翻以后，金陵就成了中原过江人士苟安江南的福地。及时作欢成了当时金陵、扬州有钱人的时尚，李白在这里也受到了影响。他经常一掷千金，不到一年时间，就把从家里带来的钱花去了三十余万。这些钱，除了他自己铺张花销之外，还有另一个用场，那就是他在《上安州裴长史书》里说的一个理由，即：

有落魄公子，悉皆济之。

他这种慷慨大方、轻财重义的性格，与他的诗歌豪放不羁的风格秉性昭著、同出一脉。

开元十四年（726 年）春，李白第二次游完金陵正准备返回扬州，金陵的一批文士公子闻讯为他饯行。春风拂煦，柳絮纷扬，金陵城南秦淮河边的酒肆里酒香伴着花香；侍女压酒、士子劝杯，开心迷人的风骚绵情勾起了李白挥之难去的春心眷意。临行前他写了一首《金陵酒肆留别》，以记其情。诗中写道：

风吹柳花满店香，吴姬压酒唤客尝。
金陵子弟来相送，欲行不行各尽觞。
请君试问东流水，别意与之谁短长。

开元十四年春夏之交，李白从扬州出发，前往越州。

虽然越州地处东南一隅，偏远的地理位置使它的工商繁荣赶不上金陵、扬州，但由于那里山绿水清、濒临大海、农渔产品较富，所以是一个避世的好地方。

李白到了越州以后，游会稽、涉耶溪（今浙江省曹娥江）、赏荷竹、食鲈脍，饱尝了荤而不腻、淡却清雅的滋味。

越海边的水土造就了吴儿越女的水色，以至于在李白山水诗的调色盘里多了一道“雪”、“白”；在他用文字“绘”的山水画中有了一群人物。

在赴越州前后，李白写了不少诗，其中的大部分与上述有关。

李白在《别储邕之剡中》诗里写道：

借问剡中道，东南指越乡。
舟从广陵去，水入会稽长。
竹色溪下绿，荷花镜里香。

辞君向天姥，拂石卧秋霜。

根据诗句“舟从广陵去，水入会稽长”来判断，李白从扬州赴越州，走的是一条既便捷，又有新意的海路。李白在《上安州裴长史书》里描述他出蜀初期远游的极限时，说过这样一句话，即：

南穷苍梧，东涉溟海。

这句话里的“溟海”即东海，他的“东涉溟海”就在这次从广陵去会稽的行程中。

李白在《越女词》五首之其二里写道：

吴儿多白皙，好为荡舟剧。
卖眼掷春心，折花调行客。

《越女词》五首之其三里有云：

耶溪采莲女，见客棹歌回。
笑入荷花去，佯羞不出来。

《越女词》五首之其五里有云：

镜湖水如月，耶溪女如雪。
新妆荡新波，光景两奇绝。

《别储邕之剡中》诗里的“竹色”绿，溪也绿；“荷花”美，镜湖香，都是典型的江南风光。《越女词》里的“吴儿”、“耶溪女”，在李白的诗里却有一些与众不同的地方。她们除了有“白皙”、“如雪”的肤色外，还会“卖眼掷春心，折花调行客”，“见客棹歌回”，“佯羞不出来”。这种大方而带羞涩，追求而有谋略，既有灵性，又有“野性”的性格，有别于封建时代正统思想推崇的温柔娴静、内向含情的中原女性形象。上述两种女子思想情态的区别，反映了当时的越州和中原在接受中华传统文化上的细微差异。

天姥山（今浙江省天台山）在嵊县东南，“其峰孤峭，下临嵊县，仰望如在天表”（《一统志》）。李白在出蜀初期秋下荆门时定的远游终极地，就是剡中的天姥山。在结束越中之旅前，李白游览了天姥山，借助于天姥山的高峻近海，他圆了“海客”曾在蜀中托给他的“半壁见海日，空中闻天鸡”（《梦游天姥吟留别》）之梦。

李白没有继续在天姥山“拂石卧秋霜”，因为一来那样做身体吃不消，二来他那时还是个满怀豪情壮志的未婚青年，并没有剃度出家的想法，所以，他要赶在入秋之前离开越州往回走，准备继续去圆他“奋其智能，愿为辅弼，使寰区大定，海县清一。事君之道成，荣亲之义毕，然后与陶朱、留侯，游五湖，戏沧州”（《代寿山答孟少府移文书》）的更大的梦。

四　念云梦入赘安陆

开元十四年（726 年）夏末，李白在越州结束了他历时近两年的第一次长江万里行，启程返回扬州。

春去秋来，一个人长期在外漂泊，举目无亲，且跋山涉水，居无定所，显然十分辛苦。这年初秋，李白在路途不胜劳苦，招致风寒，他一到扬州就病倒了。虽然他在漫游期间收获丰硕，既开阔了眼界、增长了才干、结交了朋友，又尝到了盛唐经济繁荣、九州风情万种的甜头，但是却留下了功业和婚事两难的遗憾。再加上一场突如其来的重病袭击，始料不及的三难局面弄得他精神沮丧起来。他更加思念故乡、亲人和老朋友，即使顷刻之间不能见到巴蜀的亲朋，作为一个诗人，把心里话吐在诗里，也比把它闷在肚里痛快。李白在《淮南卧病书怀，寄蜀中赵征君蕤》一诗里吐露的，正是他此刻的心声。其诗有云：

吴会一浮云，飘如远行客。
功业莫从就，岁光屡奔迫。
良图俄弃捐，衰疾乃绵剧。
……
国门遥天外，乡路远山隔。
朝忆相如台，夜梦子云宅。

旅情初结缉，秋气方寂历。
风入松下清，露出草间白。
故人不可见，幽梦谁与适。
寄书西飞鸿，赠尔慰离析。

等到“绵剧”难持的“衰疾”得以缓解，自我感觉身体好像雨后初晴的时候，李白又迫不及待、行色匆匆地踏上了新的旅途。他一时还说不清此去到底是回西蜀，还是继续将华夏看一个究竟。这时李白心里只有一个念头，那就是只要朝着西边走，就会离巴蜀越来越近，而多靠近一步巴蜀，就多了一分故乡亲情。

临行之前，扬州城里与李白有过交情的文士、公子，其中包括江都（今江苏省江都市）县尉孟少府一路执酒相送。当时的热烈场面，从《广陵赠别》一诗里可以窥见一斑：

玉瓶沽美酒，数里送君还。
系马垂杨下，衔杯大道间。
天边看绿水，海上见青山。
兴罢各分袂，何须醉别颜。

在扬州上船，沿长江西行，是逆水行舟。水送山迎，两岸依稀可辨的景物在逆行中仿佛是初下江东的慢速倒放。

这时正是八月初秋。高云蓝天、江山如画，大自然像一剂良药，渐渐消去了李白心头的积虑，并重新给他以身心的活力。

江西省的九江市和安徽省的安庆市在古代处于吴越的上游，荆楚的下游，其历史和文化受楚国的影响很大，素有楚尾吴头之说。当船行至地处楚尾吴头的舒州怀宁（今安徽省安庆市怀宁）县境时，李白遥望皖山（今安徽省天柱山），又起了诗兴。他在船上写了一首《江上望皖公山》，全诗如下：

奇峰出奇云，秀木含秀气。
清宴皖公山，巉绝称人意。
独游沧江上，终日淡无味。
但爱兹岭高，何由讨灵异。
默然遥相许，欲往心莫遂。
待吾还丹成，投迹归此地。

虽然这首诗的前四句赞美了空青积翠的皖山，可是最后的四句却说他此刻还只能“默然遥相许”有朝一日会登此山。

之所以李白想登皖山而没有立即去登，也许是因为经过了扬州的那场重病，他的体力还没有恢复到出蜀初期的那种状态，心有余而力不足，登皖山有困难；或者是因为这场大病对身体的摧折给了李白太深的教训，使他意识到身体健康的重要性，必须先寻道求仙，炼丹却疾，健体强身，而后才能投迹皖山。至于说到底上哪儿才能“还丹成”，得仙丹，他一时还没有明确的目标。

李白到了鄂州江夏，身体已完全康复，因此他就把卧病扬州时曾有过的思乡恋亲、想“弃捐良图”、不想追求功业的想法抛到了九霄云外。江夏楚水清空、平野烟莽的非凡神韵，又一次扣动了他的心弦。高昂的兴致使李白不知不觉地想起了司马相如在《子虚赋》里说过的一段话：“臣闻楚有七泽，臣之所见，盖特其小小者名曰云梦。云梦者，方九百里。”于是，他毫不犹豫地调转船头，朝西北入汉江，上涢水，游云梦，了却了渴慕已久的心愿。

云梦县所在的安州（治所在今湖北省安陆市）是淮南道治内的一个五品以上的中州。

它的水陆交通都很便利，从北面走陆路，经襄阳（今湖北省襄阳市，唐代山南东道大都督府的所在地）可到达中原河南、东都洛阳、西京长安；从南面走水路，经涢水、汉水入长江，可南抵江夏、巴陵、湘中，西上荆州、夔州，东下扬越。

安州北部为大洪山脉的南缘，是渐入高深的缓坡和丘陵；安州南部为江汉平原的北缘，是通向江湖的平川。物华天宝，这里的山野林木茂密，这里的平川稻麦富实，这里的湖泽鱼鳖肥美、鹅鸭鲜嫩、莲藕香甜。

丰富的物产决定了它是一个养育人才的好地方。从楚令尹斗子文，西汉著名学者黄香、黄琼、黄琬，到西晋农民起义首领张昌，安州的历史上出现过一批颇有影响的人物。李白到云梦游览，绝不会错过游安州的机会；到了安州这种人杰地灵的地方，他必定会多逗留一些时候。

到安州之前，李白在舒州就构想过寻觅理想的隐逸之所，以修养身心、锤炼才思的计划。到安州以后，他听说涢水东岸，安陆城北 45 里的地方有一座树木参天、峰峦秀出的寿山，其山民寿高，有过百岁者，所以慕名前去隐居求寿。

后来，李白在扬州结识的好友江都孟少府知道了此事，认为他这是在耽误前程，于是写信劝他出山，去追求功业。

针对孟少府的误解，李白写了一封题为《代寿山答孟少府移文书》的回信，以表白、宣扬自我。

《代寿山答孟少府移文书》的开头语这样写道：

> 淮南小寿山谨使东峰金衣双鹤，衔飞云锦书，于淮扬孟公足下。

接下去，李白在《代寿山答孟少府移文书》中列举了孟少府对他隐居寿山的几点偏见：

见吾子移文，责仆以多奇，鄙仆以特秀，而盛谈三山五岳之美，谓仆小山无名、无德而称焉。……又怪于诸山藏国宝、隐国贤……

为了消除孟少府的误解，李白首先在《代寿山答孟少府移文书》里描述了他出尘入仙般的生活状况和神清气朗的精神面貌。他绘声绘色道：

仆尝弄之以绿绮，卧之以碧云，嗽之以琼液，饵之以金砂。既而童颜益春，真气愈茂。

进而李白在《代寿山答孟少府移文书》里声言他的宏图大志和避世离俗、超然远举之愿时说：

吾与尔，达则兼济天下，穷则独善一身。

李白在说到他在寿山“林下之所隐容”的动机时写道：

资其聪明，辅以正气，借之以物色，发之以文章。

在《代寿山答孟少府移文书》的最后，李白写道：

孟子孟子，无见深责耶！明年青春，求我于此岩也。

这段话类似于他对皖公山的“默然遥相许”，是李白向孟少府发出的来年下山的许诺。

开元十五年（727 年）仲春，孟少府因公务缠身，没有如约到安州赴会，到了春末，李白还是按照上一年订的计划下了寿山。因为孟少府说他大约要到秋天才能来安州，所以李白在这之前的几个月还可以四处走一走。出蜀两年多来，李白从西部的蜀中走到东部的扬越，从南部的苍梧走到中部的安州，就是没有去过北方。他早就从书载得知，河南府（治所在今河南省洛阳市）登封县北有一座嵩山，绵亘周回150里，是华夏五大名山之一。后来，他又从漫游居旅中听说嵩山的石头上能长菖蒲，其中以开紫花的为最佳，一寸九节，服之可以长生，因此决定在孟少府到安州之前去一趟嵩山，这样既可以填补一下游路上的空白，增添一些新的阅历，又可以亲手采摘仙草，亲口嚼服仙汁，达到益寿延年的目的。

李白经襄阳、南阳，沿外方山东麓到了河南府汝水河边。他站在河岸的高处极目远眺，已能隐约看见层峦叠嶂，盘亘北缘的嵩山诸峰。

汝水北岸有一座汝州城（今河南省汝州市），它离嵩山主峰只有几十里路程。李白心想，既然嵩山已隐约在望，就用不着再去慌忙赶路，等到进城养足了精神，然后问鼎嵩峰不迟。

汝州城内有一座龙兴阁，其台榭、楼观名扬四方。李白在客舍刚一住下就听到了关于龙兴阁的传说。他在客舍只休息了片刻就直奔龙兴阁而去。李白骑在马上，从老远就看到了三五成群进出龙兴阁的游人。他到了阁前，先把马系在大门外的树下，然后兴致勃勃地顺着阶梯到了阁上。与李白一起登阁的中原学士、外地宾朋，看到李白目光炯然、举止潇洒、锦心绣口，都深感钦佩。游客中的这一行读书人都很年轻，李白在他们眼里有兄长之态。在这班士子的要求下，李白笔翰如流为这次游览即兴写了一篇《夏日诸从弟登汝州龙兴阁序》以作纪念。该序有云：

留宝马于门外，步金梯于阁上。渐出轩户，霞瞻云天。晴山翠远而四合，暮江碧流而一色。屈指乡路，还疑梦中；开襟危栏，宛若空外。

李白在汝州休息了几天，然后继续向嵩山进发。

雄踞中原的嵩山，地处东岳泰山、西岳华山、北岳恒山、南岳衡山之间，所以被称为中岳。其实嵩山是一个山群，它的东部有24峰，总称为太室；它的西部有36峰，总称为少室。太室和少室合称为“二室”。之所以称山为室，是因为嵩山多石室的缘故。在石室之中，有“石床素书”，据说是仙人居住后所留下的遗迹。又据说，夏禹的儿子启出生时，刚一下地，他的母亲就变成了一块巨石，这块巨石矗立在嵩山下，被称为“启母石”。

虽然说嵩山没有峨眉山高，但它不仅比峨眉山雄伟，而且古迹仙踪比比皆是。李白这次主要是为采菖蒲而来的，但不等于说他对嵩山的古迹仙踪没有兴趣。在进山的路上，李白不仅遍寻菖蒲，而且尽访名胜。这期间他写了一首《嵩山采菖蒲者》，其诗有云：

神人多古貌，双耳下垂肩。
嵩岳逢汉武，疑是九疑仙。
我来采菖蒲，服食可延年。

遍游嵩山，访道少室，尽登36峰，不是一两天能够做到的事，因此，他走一走，歇一歇。

有一天，李白在半路忽然看见一位面如冠玉、唇红齿白的青年道士从山道拐转、松枫掩映的地方飘然而出，迎面而来。他起先还以为是一位仙人从天而降，等到走上前去定睛一看，那“仙人”原来就是不期而遇的蜀中时期他在峨眉山结识的友人元丹丘。李白在嵩山没有找到神人，但却遇到了多年不见的好朋友，这突如其来的会见使他异常兴奋。李白随这位友人来到少室山下的山居。他看了这位友人每天享用的春生夏长、秋收冬藏的食物；度日所过的幽然洒脱、出尘入仙的隐逸生活，心里非常羡慕。随后，他写了一首名为《题元丹丘山居》的诗赠给这位好朋友。其诗有云：

故人栖东山，自爱丘壑美。
青春卧空林，白日犹不起。
松风清襟袖，石潭洗心耳。
羡君无纷喧，高枕碧霞里。

李白与元丹丘分手以后，并没有继续北上到东都洛阳去游览。这一来是因为他身上的盘缠有限，二来是因为他在离开安州寿山之前，曾收到过孟少府许诺秋季到访的信件，而眼下已是夏季，他却身处千里之外的河南，所以必须立即回头去赶另一场兴会。

发源于伏牛山南的白河，淡雅清恬，可是河水一流到南阳，与城东河中的石渚相遇，则湍流四溅，蔚为大观。李白在回安州的时候路过这里，他看了白水登石激的盛状，写了一首名为《游南阳白水登石激作》的诗。其诗有云：

朝涉白水源，暂与人俗疏。
岛屿佳境色，江天涵清虚。
目送去海云，心闲游川鱼。
长歌尽落日，乘月归田庐。

邓州南阳（今河南省南阳市），属山南东道管辖。从这里沿白河自北向南走200多里，就可以到达山南东道的首府襄阳。

襄阳城位于汉水南岸，始建于汉代。它与受封于周宣王（前827年—前782年）的仲山甫所建的樊城隔水相峙。

襄阳城东北面有白河、唐河和滚河在那里相遇；襄阳城西北面又流来一条源于秦岭的汉水。这四条河不约而同地在襄阳对岸的樊城边汇合，使汉水一到襄樊就变得江宽水阔、气势磅礴。

优越的地理位置，使襄阳自古就成了中原通往江南的门户。这里驿道通达、舟车频忽，占有东瞰吴越、西通川陕、南控汉沔、北接京洛的重要战略地位，吸引了历代英雄在此逐鹿，是一处著名的古战场。

襄阳人有尚武的习俗。隋文帝灭南朝陈国时，襄阳守将杨军率部攻克扬州，立过汗马功劳。后来襄阳城流传着“襄阳白铜鞮，反缚扬州儿”的童谣。白铜鞮即白铜蹄，有白马金蹄的含义，是襄阳精兵铁骑的昵称。这种民风到了唐代依然十分刚劲，从李白的《襄阳曲》四首之其二里，我们可以清晰地看出这种刚劲民风的踪影。诗中写道：

山公醉酒时，酩酊高阳下。
头上白接䍦，倒着还骑马。

这首诗用语简朴，几乎就是老百姓日常所讲的俗话。它好像在说：“快看那个戴白头巾（接䍦）的汉子呀，本来他已经醉倒在高阳池下，可是一会儿就站起来了，他还倒立着骑马哩！”

说襄阳人有尚武的风气，并不是说这里只有一些粗气。李唐盛世，樊城的工商业已十分繁荣；襄阳的乐韵舞姿，也十分欢快动人。这使得襄阳无愧于它文治武功的上州大名。李白在《襄阳曲》四首之其一里，有关于这一方面的描述：

襄阳行乐处，歌舞《白铜鞮》。
江城回渌水，花月使人迷。

江山壮美，则必有智者因之而出。襄阳城西 50 多里的隆中山麓，有三国时期蜀汉宰相诸葛亮的读书、躬耕故址；襄阳城东 3 里处，有蜀汉中郎将关内侯庞统的故宅。虽然刘玄德三顾茅庐请贤出山，以及蜀汉英雄辅佐刘备三分天下的故事已成为历史，但是在襄阳城东南30里处的鹿门山上，当时还有一位大诗人孟浩然（689年—740年）正在那里隐居。孟浩然《夏日南亭怀辛大》诗里“荷风送香气，竹露滴清响。欲取鸣琴弹，恨无知音赏”的佳句所散发的雅趣妙意，不时还在李白心中回荡。既然已经到了襄阳，怎能不去看望这位大师呢？李白一出襄阳城就朝着鹿门山匆匆而去。他急切地想亲眼看一看孟浩然的尊容，亲耳听一听这位前辈对诗的理解，以进一步完善自己的诗文。

在鹿门山林间的幽栖处，孟浩然盖有几间草屋，虽然不是高堂华轩，却别有一种天然佳意。

李白比孟浩然小12岁，但年龄的差距没有构成他们之间心理上的障碍。相反，他们在一起交互赏文、促膝谈诗、推心置腹、谈古论今，都觉得格外亲热。喜遇知音，恨相见太晚。李白在孟浩然家里盘桓了数日，孟浩然待他如同兄弟。

这年夏末，李白辞别孟浩然以后又上了安州寿山。没过多久，孟少府果然从江都来到寿山看望他。两人叙旧毕，孟少府留在李白的寿山寓所住了几天，享了一番无忧无虑、飘然如仙的清福。

这时的李白已经27岁，婚娶之事仍然没有着落，而孟少府在收到李白的《代寿山答孟少府移文书》以后，只过了几个月就从县尉（少府）升到了赞府（县丞）。孟赞府上寿山之前，曾拜会过安州同仁，在宴饮之际，得知唐高宗龙朔元年（661年）时的左相许圉师之父许绍在梁末被封为安陆郡公。许圉师是许绍的小儿子，十分受许绍的器重。他从小博涉艺文，后来中了进士，因此一路仕风，直到官至左相。唐高宗仪凤四年，许圉师病故，然而他的子嗣仍留在安州。许圉师在安州尚有一位年方二八的孙女许紫烟正待字闺中，妙龄未嫁。所以，孟赞府这次上寿山不仅是为了劝李白下山务实，共奔前程，而且还想成人之美，帮他说合依淑而配，以尽朋友之心。

孟赞府关于许小姐的情况介绍，如同一阵春风，在李白心中掀起了涟漪。李白心想，人非草木，岂能真的一心只想功名，毫无儿女爱意。况且许小姐出身世家，首先，她必定受过良好的文化熏陶，若能与她结成夫妻，就能在事业上找到一个相得益彰的伴侣；其次，许家在安州是个望族，而自己背井离乡、举目无亲、求仕无门，确实需要找一个靠山。只是不知道许小姐的才貌是否也称人意，这一点只有等见了面才能确知。

李白接受了孟赞府的建议，随他一起去了许圉师的儿子许相公家，想通过拜访碰碰运气。然而令李白料想不到的是，他朝许相公家跨出的这第一步，很快结束了他的单身历史。李白入赘许相公家，安家安陆，一晃就是10年。后来，李白在《上安州裴长史书》里追叙这段往事时说：

见乡人相如大夸云梦之事，云梦有七泽，遂来观焉。而许相公家见招，妻以孙女，便憩迹于此。

他又在《秋于敬亭送从侄耑游庐山序》里说：

及长（大），南游云梦，览七泽之壮观。酒隐安陆，蹉跎十年。

这些都是十分珍贵的回忆。

许圉师的儿子没有做官，但是凭借许氏家族世代书香，几辈卿相的根基，他在安州得了个员外郎头衔。

许紫烟绰约多姿、青春高雅、丽质贤淑、知书达理、才貌双全。然而，由于她家里广有田产、门第高贵、择婿过苛，所以她父亲一直找不到称心如意的女婿；许小姐则为自己的婚事始终没有机缘而心神不宁。

李白和孟赞府在许相公家与许员外寒暄过后，拉起了家常。当许员外得知李白出身将门，是凉武昭王后裔的时候，按捺不住的喜色露到了脸上。虽然说李白家的谱牒早已丢失，一时还难以断定事情的真伪，但只要看一眼这位身着锦袍、谈笑自若、潇洒出尘的西蜀才子，就不会把李白是不是陇西王孙的疑问放在心上。

李白见谈话已过数轮，彼此已初知来历，于是就把话题转到诗上。

他给许员外递上自己的诗文，许员外接过去细细地赏阅，不时在精彩之处发出赞叹之声。当许员外看至《寄远》诗十二首之其五和《江上寄巴东故人》一诗时，朝李白看了几眼，然后有模有样地念出声来。许员外先念了一首《寄远》其五诗：

远忆巫山阳，花明渌江暖。
踌躇未得往，泪向南云满。
春风复无情，吹我梦魂断。
不见眼中人，天长音信短。

接着念了《江上寄巴东故人》一诗：

汉水波浪远，巫山云雨飞。
东风吹客梦，西落此中时。
觉后思白帝，佳人与我违。
瞿塘饶贾客，音信莫令希。

巴东县（今湖北省巴东县，唐代为归州辖地）地处大巴山东南缘的巫山山脉，《寄远》其五诗中的远在“巫山阳”的“眼中人”和

《江上寄巴东故人》一诗中的“佳人”，指的都是李白的“巴东故人”。

李白有一个弟弟在长江三峡一带经商，兄弟两人在李白出蜀路过那里的时候就会重温手足之情，因此，采兰赠芍，偎香依玉，认识归州（治所在今湖北省秭归县）的一位小家碧玉，并与她有过一段柔情蜜意，自然是顺理成章的事。然而，李白仗剑去国，辞亲远游，抱定的是“大丈夫功业未成，何以家为”的理想，如果让他止步不前与归州女子结为伉俪，长相厮守，其实并不容易。

离开巴东以后，虽然李白有时思念“眼中人”到了令他“梦魂断”的程度，但是他仍然“踌躇未得往”，这说明李白的确是把报效国家、追求功业的大事放到了个人情感之上。可是，当他到了汉水，到了与巴东佳人遥隔巫山千重云雨、远离江汉万重波浪的地方，就难以再见那位佳人，这时候他才如梦方醒，怅然若失。因此，在“天长音信短”的茫然和“春风复无情”、“东风吹客梦”的春愁里，李白用《江上寄巴东故人》中的最后两句“瞿塘饶贾客，音信莫令希”，叮嘱巴东佳人托过往瞿塘的商人经常捎些音信。

不过，李白对他与巴东佳人“天长音信短”的前景有一种不祥的预感。既然他为了追求功业必须四处奔波，与“巴东佳人”要长期断绝音信，那么天长日久，两人结成连理的事就必定会成泡影。

许员外已是50开外的人。他不仅熟谙诗书，而且深明世故。他只把《寄远》其五诗和《江上寄巴东故人》看了一遍，就猜出了其中的原委。许员外断定李白此时还没有妻室，于是一面把诗文念出声来，一面观察他的反映。许员外看到李白只有谦卑，毫无反感，就唤来一个家中的侍女，叫她去请许小姐出来听一听诗歌，见一见公子。

李白与许小姐一见面，几乎是两心相印、一见钟情。可是有关联姻的话，不仅李白和许小姐自己不好开口，就连许员外也不好马上当面试之。

事后，许员外派管家去找孟赞府，让他向李白转达许相公有意招婿入赘的口信。

此时，李白脑海里还回荡着许小姐美丽动人的身影，加之他面对背井离乡，毫无依托，且巴东情侣远在天边，音信渺茫的现实，所以，他不假思索就答应了许员外招他入赘的要求。

开元十五年（727 年）秋，李白在安陆许相公家与名门秀媛许紫烟喜结良缘。

孟赞府参加完李白的婚礼就急着要回江都。李白为感谢他的侠义关怀，在临别时写了一首《秋夜于安府送孟赞府兄还都序》，以表敬谢。序中有这样一段爱憎分明的话：

> 夫士有饰危冠，佩长剑，扬眉吐诺，激昂青云者，咸夸炫意气，托交王侯。若告之急难，乃十失八九。我义兄孟子，则不然耶。

确实，孟赞府不是那种平素“扬眉吐诺”，“夸炫意气”，到了急难关头忘记朋友的人，难怪李白把他称作自己的义兄。

一个唐代的少女，因为抗拒不了封建社会和家庭的力量，很可能在女大当嫁的压力下与曾经热恋过的人劳燕分飞。然而，一个心中充满纯真爱情的男子，决不会因为世俗的理由而熄灭胸中爱的火焰，完全抛弃曾经的拥有。因此，李白在他婚后不久给“巴东佳人”写了一首激情荡漾、温柔缠绵、优美动人的《代别情人》，诗中写道：

清水本不动，桃花发岸旁。
桃花弄水色，波荡摇春光。
我悦子容艳，子倾我文章。
风吹绿琴去，曲度紫鸳鸯。

昔作一水鱼，今成两枝鸟。
哀哀长鸡鸣，夜夜达五晓。
起折相思树，归赠知寸心。
覆水不可收，行云难重寻。
天涯有度鸟，莫绝瑶华音。

这首诗的一二联用“发岸旁”的桃花“弄水色”，使之春光荡漾的梦幻般景象，形容了被花儿般模样的女子打动之后，动情男子心荡神摇般的爱的感受。

诗的第三联“我悦子容艳，子倾我文章”说到了郎才女貌。这是男女双方爱慕的一种理由。

这首诗的六七两联“哀哀长鸡鸣，夜夜达五晓。起折相思树，归赠知寸心”表达了李白朝思暮想、夜不能寐的相思之苦和注重恩义、情深意长的君子之心。

诗的第五联“昔作一水鱼，今成两枝鸟”和第八联“覆水不可收，行云难重寻”，说的是李白和他的“巴东佳人”由于千山万水的阻隔和时代的局限，未成连理，各自成家的结局。

《代别情人》一诗的最后两句“天涯有度鸟，莫绝瑶华音”中的“瑶华音”，指的是通报情人生活幸福美满的佳音，而其中“莫绝”音信的叮嘱，指的是李白希望情人和自己一样婚姻美满、兰桂齐芳；君子之交，不断音信。这充分体现了李白诗一样爱情的纯真、质朴、一往情深。

从开元十二年秋出蜀，到开元十五年秋成婚，李白背井离乡在外经受了三年单身生活的磨练。在孟赞府的帮助下，李白入赘安陆许相公家，从而揭开了他的人生新的一页。

五　安陆白兆山青春放歌

李白与许小姐成婚的时候，正值金秋时节，良辰美景，赏心悦目；花好月圆，心往神驰。

在李白婚后不久的一个风和日丽的早晨，他神采奕奕地带着许小姐度蜜月到了城外。因为不是酷暑盛夏，所以无需去找消暑的山林。

安州应城县城关以西40里有一处温泉（位于今湖北省应城县汤池镇）。温泉附近，地气特暖，林木葱郁，经冬不凋。每逢冬季，数里之外就可以遥望汤池白气浮蒸如烟，在阳光的映照下，天幕上彩虹亮丽，有如车轮双辋。因此，民间流传着“昔有玉女，乘车自投此泉”的神话。李白刚到安州就有此闻，只是没有亲眼目睹、亲身游憩。这次是新婚燕尔，好天气、好景色、好心情促成了他渴望已久的汤池之行。

应城县在安陆正南75里。与以往单身出游，寻幽访胜不同，李白这次带夫人游汤池，为的是让许小姐浴温泉肌肤玉洁，姿仪光丽，更加妩媚动人。他们在汤池沐浴过后，更衣完毕，感觉七窍畅通，浑身轻快。

李白回安陆以后，根据游汤池的感受写了一首名为《安州应城玉女汤作》的诗，其诗有云：

神女殁幽境，汤池流大川。
阴阳结炎炭，造化开灵泉。
……
精览万殊入，潜行七泽连。
愈疾功莫尚，变盈道乃全。
……
散下楚王国，分浇宋玉田。
可以奉巡幸，奈何隔穷偏。
独随朝宗水，赴海输微涓。

古人把解释不了的自然现象归因于神明之所为，这是常有的事，因此，这首诗的开头才有“神女”兴“汤池”，“阴阳结炎炭”、“开灵泉”之说。紧接着，这首诗颂扬了汤池温泉却病“愈疾”和灌溉楚国“宋玉田”的功效。诗的最后两联是全诗的总结与慨叹。这两联在对汤池偏远，不便皇上巡视深表惋惜之后，用“独随朝宗水，赴海输微涓”一语双关地既交代了玉女汤随百川归海的去向，又隐喻了李白念念不忘“奋其智能，愿为辅弼”，把个人当作沧海一粟，为国尽忠的赤诚之心。

由于许相公家世代簪缨，所以藏书不少，因此，李白每日在家广涉博览，一个冬季都没有出过远门。攻读之余，他与许小姐弹琴唱诗、说古道今、形影不离。青春做伴，岁月流金，不知不觉就到了开元十六年（728 年）。

李白豪爽的性格不仅体现在他的轻财好施上，而且反映在他的任侠好义方面。两年前，他的蜀中友人吴指南死于巴陵，因为当时正在旅途，所以他暂时把吴指南葬在洞庭湖边就下了金陵。当他在安州找到了许小姐这样称心如意的爱妻，生活过得甜蜜安逸的时候，只要一想到孤零零躺在荒烟蔓草下的蜀中友人，心里就十分难过。他在《上安州裴长史书》里说："故乡路遥，魂魄无主"，因此决定到洞庭湖去为吴指南迁葬。

这年初春，李白在去巴陵的途中路过江夏。东风复至，春回大地。虽然漫步在田头泽畔偶尔还会感到几丝凉意，但是江夏含苞欲放的春梅，婀娜多姿的新柳又把他带入了童话般的世界。李白想起了三年前写的《望汉阳柳色寄王宰》一诗，他在这首诗的结尾曾对汉阳县令王汉阳说过以后再会的话。既然又是在万象更新的春天来到这里，那么他就不能不想念这位友人。李白为找王汉阳在江夏逗留了几天，但这次王汉阳因故没能与他见面。李白在离开江夏去巴陵之前，给这位"美人"写了一首充满感情的诗，名曰《早春寄王汉阳》，托人转赠。诗中写道：

闻道春还未相识，走傍寒梅访消息。
昨夜东风入武昌，陌头杨柳黄金色。
碧水浩浩云茫茫，美人不来空断肠。
预拂青山一片石，与君连日醉壶觞。

李白在巴陵乡民的协助下找到了吴指南的安葬处，然后"裹骨徒步，负之而趋"，将吴指南的尸骨"营葬于鄂城之东"（《上安州裴长史书》），以实现"存交重义"的心愿。

在返回安州的途中，李白乘船又路过风光旖旎的江夏。这一次正好是春雨新收，山明水秀，李白老远就看到了黄鹤楼在黄鹤山头巍然耸峙，临江而立。到了近处，黄鹤楼清晰可见的飞檐山脊、雕梁画栋，更使他精神亢奋。他决定回安陆之前在江夏待一些时日，多看一看这里的柳陌花街，以愉悦心目；再登一登这江南名楼，以一聘游目；多会一会新老朋友，以增进友谊。

唐代的鄂州江夏，是华夏九州的交通中枢。因此，江夏的黄鹤楼不仅是过往商旅的游览胜地，而且是各地群贤和当地名士登临聚会、谈诗论文的佳所。

李白到江夏的时候，遇到了远游归来即将返乡的安州人蔡十。当时李白已出蜀三年，诗文才情小有名气。虽然蔡十是第一次见到李白，但他初次与李白见面就一见如故。蔡十热情地邀请李白出席了黄鹤楼上的饯行酒宴。在宴会上，大家请李白为这次兴会写点东西留作纪念，李白欣然命笔写了《早春于江夏送蔡十还家云梦序》。序中有云：

> 海草三绿，不归国门。又更逢春，再结乡思。一见夫子，冥心道存。穷朝晚以作宴，驱烟霞以辅赏。朗笑明月，时眠落花。……来暂观我，去还愁人。

从这一段文字可以看出，虽然李白离蜀已经三载，暑往寒来思若泉涌，一旦逢春还有乡愁，但由于他这时已经入赘安陆，婚姻美满，所以乡愁并不那么强烈。

接下去，该序写道：

> 青山绿枫，累道相接，遇胜因赏，利君前行。既非远离，曷足多叹。

这一段话既是李白在告诉蔡十，此去安州有一路碧树绣岭、胜景珠连、山川会意、风物相接的旅途愉快为其还家增色，也是他在借此告诉自己，马上也要沿着这条五彩斑斓的路回安州，去用爱情和友情取代乡情。

蔡十走后，李白游览了江夏的一些名胜古迹，中途他还在城南渡头的一家小酒店喝了一回酒。在就餐期间，有一位年轻女子走进了酒店。她愁眉苦脸地向店主打听了扬州西上的船讯，那店主对她说扬州的船三天两头都有来的，只是没有她丈夫的消息。这女子用手绢擦着眼泪离开了酒店，李白目送着她，脑海里出现了江陵唱西曲的望夫女子的身影。这南浦女子和那江陵女子都是望夫心切的人，然而这哀伤的南浦女子的不幸遭遇更让人同情。李白按照江陵西曲的词风写了一首《江夏行》，其诗有云：

忆昔娇小姿，春心亦自持。
为言嫁夫婿，得免长相思。
谁知嫁商贾，令人却愁苦。
自从为夫妻，何曾在乡土。
去年下扬州，相送黄鹤楼。
眼看帆去远，心逐江水流。
只言期一载，谁谓历三秋。
使妾肠欲断，恨君情悠悠。
东家西舍同时发，北去南来不逾月。
未知行李游何方，作箇音书能断绝。
适来往南浦，欲问西江船。
正见当垆女，红妆二八年。
一种为人妻，独自多悲悽。
对镜便垂泪，逢人只欲啼。
不如轻薄儿，旦暮长追随。
悔作商人妇，青春长别离。
如今正好同欢乐，君去容华谁得知。

虽然李白在《江夏行》中没有直接说出望夫女子的丈夫是怎样

的一种人，但是他用“东家西舍同时发，北去南来不逾月”来做对比，用以提醒人们“历三秋”而不归，且“音书”亦“断绝”的商人，只是一个负心人。

李白不是这种人，他从南浦一到江夏城就立即启程回安陆。

李白回到安陆不久，迎接了好友元丹丘。

一天夜里，李白、元丹丘与安州的几位群而不党的诗朋酒侣在一起置酒兴会。大家清谈浩歌、传杯送盏，一直闹到了半夜。这一群朋友在元丹丘下榻的客舍抵足而卧，躺在床上合了合眼就天亮了。

前一天的酒的确是喝多了一些，李白早上起身回家时，骑在马上头还是昏昏沉沉的。这一天早上又起了一点雾，李白更觉得两眼迷迷糊糊。忽然间，李白听到前方传来一阵急促的车马声，他抬头一看，吓了一大跳，原来他骑的那匹马差一点撞了安州长史李京之的大驾。

按规矩，民众见了长史大人的车马，十丈以外就得回避让道。若犯了这规矩，普通百姓轻则就地挨一顿鞭子，重则会被捉到衙门去治罪；读书人犯了这一条，轻则当场赔礼道歉，重则还要负荆请罪。换句话说，这是件可大可小的事。然而李长史恃强凌弱，偏要小题大做，硬说李白目无尊长，有意冲撞他的大驾。当场赔礼道歉不行，李京之非要李白到州府衙门走一遭，扫一扫他的威信不可。

安州城里的人对李京之的做法都大惑不解，唯独李京之自己心里明白。

许圉师家在安州是个望族，他的孙女婿不仅是个西蜀公子，见过世面，辞丰意雄，很有才学，而且刚到安州就受到了安陆马都督的赏识。马都督看了李白的诗文，曾大加赞扬。关于这一情节，李白在《上安州裴长史书》里有以下记述：

因谓长史李京之曰："诸人之文，犹山无烟霞，春无草树。李白之文，清雄奔放，名章俊语，络绎间起，光明洞彻，句句动人。"

倘若是李白得到了马都督的推荐，朝廷授了李白的官衔，则安州城里岂不是有李白而没有他李京之的地位。

虽然事因清楚不过，可是李白毫无办法。一方面，自己犯规被李京之抓到了把柄，只好忍气吞声；另一方面，他怕惊动了岳父，气坏老人，所以不敢请许员外到官府说情，以了断此事。他甚至不能把这件事告诉许夫人，因为这时夫人已怀有身孕，受不得惊吓，经不起刺激。李白按捺住平素的脾气，写了一篇向安州长史李京之"认错"的《上安州李长史书》。该《书》有云：

（白）颇尝览千载，观百家，至于圣贤。……（白）入暗室而无欺，属昏行而不变。……昨遇故人，饮以狂药。一酌一笑，陶然乐酣。……早日初眩，晨霾未收，乏离朱之明，昧王戎之视。青白其眼，瞢而前行，亦何异抗庄公之轮，怒螳螂之臂。……昔徐邈缘醉而赏，魏王却以为贤；无盐因丑而获，齐君待之逾厚。白妄人也，安能比之。……敢昧负荆，请罪门下。

粗看起来，《上安州李长史书》用了连篇累牍的诚惶诚恐之词，显得卑躬屈节，可是仔细一想，一个有"览千载，观百家，至于圣贤"的学识，"入暗室而无欺，属昏行而不变"的品行的人，把一个狂妄自大的中州长史比作"庄公"，把自己比作"螳螂"，其过夸之词里面隐藏着讥讽；李白举出魏王不忌酒后醉言，齐君不因貌丑弃才的典故，则是为了鄙弃李京之居心叵测、仗势欺人的小人之心。

在《上安州李长史书》的最后部分，李白写道：

> 敢以近所为《春游救苦寺》诗一首十韵、《石巖寺》诗一首八韵、《上杨都尉》诗一首三十韵……幸乞详览。

如果不看该《书》前一部分的内容，仅仅孤立地去看这一段话，好像李白是在请李京之欣赏他的近作。然而把该《书》的前后部分一对照，人们不难发现，李白在一转眼间把《上安州李长史书》从“认罪书”变成展示他的才华的自我表彰“书”的做法，反映了他不仅根本不承认自己有什么罪，而且完全不把李京之的“高”和“大”放在眼里。

李京之明知这《书》中话里有话，但由于他心怀鬼胎，理屈词穷，所以在看了《上安州李长史书》和李白的三首诗以后啼笑皆非、哑口无言，不好再提此事。

李白遭李京之挑衅滋事的闹剧，在安州上下不明真相的人中造成了不少坏影响。街谈巷议，不胫而走，就连曾经极力称赞李白的马都督也因惧怕这种影响连带自己，所以不再考虑推荐李白的事了。

虽然李白在《上安州李长史书》里“认罪”之际，射了李京之一些暗箭，但是这毕竟只是一篇文章、一些言辞，而且只有李京之一个人能够见到，比起李京之对他的伤害，其分量不能相提并论。因此，李白送走了元丹丘以后，一直闷闷不乐。在夫人的一再追问下，李白说出了受到李京之欺侮的事，夫人安慰了丈夫一番。为了让李白尽快恢复平静、再思进取，许夫人建议他到安陆城外的白兆山去住一些时候。

当李白听说安州城西北30里有一座风景如画的白兆山，白兆山中有一些许家的田产时，顿时兴奋起来。因为在进入山野时，世俗之人立即会忘掉伟大与渺小、聪明与愚蠢的概念纠缠。在那里，自然就像上帝，其他的一切都是它的子民。

李白有酷爱大自然的天性。这一点可以从他在初游江南时看了当涂赵炎少府的山水画之后写的一首名为《当涂赵炎少府粉图山水歌》的诗中看出来。其诗有云：

五色粉图安足珍，真山可以全吾身。
若待功成拂衣去，武陵桃花笑杀人。

有言道，真山水之烟岚，四时不同。春山澹冶而如笑，夏山苍翠而如滴，秋山明净而如妆，冬山惨淡而如睡。显然，人工绘制的山水画，无论其形象多么逼真、神采多么超凡，在李白眼里都不过是水月镜花，都无法取代他心目中自然造化的“可以全吾身”的真山。

况且，这一次许夫人所说的白兆山，不仅是李白所说的自然造化的“可以全吾身”的真山，而且还有比李白以往寻山涉江时接触的美好风光更胜一筹的地方，那就是在安陆白兆山的美丽自然风光中，将会有他美满幸福的家，因此，李白迫不及待地与夫人合计起来。他们两人最后决定，由李白先带上书童丹砂和几个家丁、侍女到白兆山去安家置业，等到夫人分娩以后婴儿足月，就举家迁往白兆山。

李白一行人在一个风轻云淡的早晨从安陆城出发，用了半天多时间就到达白兆山脚下。

他们先在山下的村子里找了个住处，第二天一大早，李白才带着丹砂上山踏勘。他打算先选一处幽静的地方筑一间石室，然后在石室附近坡度较小，林木较疏的地方开一些山田。

这时候正是春季，春山如笑。晴日里的白兆山景色非凡，那里的草木铺满了山峦，落花飞散在林间，白云飘拂过古寺，鸟儿栖息在树上，到处充满了生机。

当李白站在白兆山山顶眺望时，他看到东边的两道山梁之间夹着一条山沟，两道山梁的西头，又横着一道山脊，这三道山梁合在一起，像一堵天然屏风。在三山环抱之中，莺歌百啭、绿树掩映、松涛轻击、碧波千顷。李白见此情景，分外欣喜。他大声地赞叹道，这真是一处人间仙境。

家仆们在村民的协作下，在这幽壑之中筑起了石室。李白给这个石室所在的山谷起了一个“桃花岩”的雅名。

他在桃花岩没住多久，就被这里草绿木荣、鸟鸣花飞的景象迷住了。他的心情一天天好起来。

不过，婚后不久就过这样的隐逸生活，对于年仅28岁、一腔热血的李白来说是太早了一点。他是个有远大政治抱负的人，虽然他与许小姐的结合使他有了一个良好的生活环境，但是他不仅没有从许相公家的门第上得到仕进上的帮助，而且正好相反，刚入赘许相公家不久，就在许家几代为贵的安州受到了打击，这不能不使他感到政治上的无依无靠和孤独。

《春日独酌》是李白这时的作品，其诗有云：

东风扇淑气，水木荣春晖。
白日照绿草，落花散且飞。
孤云还空山，众鸟各已归。
彼物皆有托，吾生独无依。
对此石上月，长醉歌芳菲。

李白在写景赞春之际所发出的“吾生独无依”的叹息，正是李白对他的政治孤零的叹息。

李白搬到白兆山以后，隔一两个月才下山进一趟城。他在白兆山过的是田园隐居生活，很少与朋友交往。

一转眼就到了夏至。有一天，李白在白兆山山顶的般若寺纳凉，遇到了上山游览的薛员外。由于两人从文堪谈，且所见略同，李白心里十分高兴。为此，他写了一首名为《安州般若寺水阁纳凉，喜遇薛员外乂》的诗。其诗有云：

倏然金园赏，远近含晴光。
楼台成海气，草木皆天香。
忽逢青云士，共解丹霞裳。
水退池上热，风生松下凉。
……
心垢都已灭，永言题禅房。

薛员外走了以后，李白又失去了可以与之说文，能够与之沟通的对象，瞬时之间，脑海里又掠过了一丝孤独的影子。

然而，李白这时的孤独和因为孤独而产生的超尘出世之想，并不是没有限度的。几个月以后，当他听说夫人已平安分娩，生了一个又白又胖的女儿时，精神又振奋起来。

李白马不停蹄地赶到了安陆。在许小姐床前，他亲昵地对妻子说了一些感激、安慰的话，然后从夫人手中接过女儿，抱在怀中。望着女儿那两条倏忽收蹬的小腿和闪闪发亮的眼睛，李白的“孤独”完全烟消云散。他仿佛听到了女儿的小嘴在说：“你可要当心你那孤独！”

女儿出世的时候，正值皓月当空，银光满地，因此，李白给她取了一个小名叫明月奴。

李京之在安陆给李白的那一次打击，让李白获得了一些教训。他觉得，自己眼下已是28岁的人了，经些风雨，受些挫折，若没有被摧垮，反倒会变得坚强一些。可是女儿却不一样，她刚出世不久，像一朵娇嫩的小花，她的成长需要一个没有纷扰的良好环境，对她的哺育，不能有丝毫的马虎。夫人产后的恢复，应该加以精心调理，她也需要一个轻松宜人的自由天地。既然白兆山的居所已经建成，山后的田园已经开就，而且孩子出世之后全家迁往白兆山的计划早已定下，那就没有再拖下去的必要。于是，许夫人刚一坐完月子，李白就把一家人迁到了白兆山的桃花岩。

家中多了一口人，使李白在素有的喜幽爱山的逸趣之外，多了一份天伦之乐。

李白每天在桃花岩石室中读几卷书。眼睛倦了，爬上山梁去看一看山景；肚子饿了，就着新鲜菜食喝几杯清酒；喝醉了酒，躺在石上把天和地当成衾和枕，在飘然之中听松涛鸟鸣。在妻子忙的时候，他有时帮着做一点家务，抱一抱爱女；在自己闲的时候，他有时到般若寺去访道谈玄，有时到山路上跟樵夫们聊一会儿天。

这一家人住在桃花岩，虽然没有高堂华轩，但却有冬暖夏凉的石室幽斋；虽然每顿饭难以见到美酒佳肴，但却不缺少清香甘纯的五谷瓜蔬；虽然偶尔会感到日子过得有一点寂寞，但却与世无争，心情舒畅。

女儿的乖灵、妻子的温馨、桃花岩的佳意，让这一家人因人与人的和谐、人与自然的和谐而谱写着一首田园音诗；李白和夫人，以及他们的安陆爱情之花新近结出的硕果，鸾凤和鸣，一齐奏响了他青春之歌的最强音。

在人生痛苦的日子，总感觉日子特别漫长；等到欢乐过后，韶华如驰，总嫌它太短暂。李白与家人在白兆山齐聚以后的日子，在李白看来，过得飞快，一转眼就到了开元十七年（729年）的春季。

生活在城里的人，与天然景物接触较少，每当春来，总忘不了踏青的习惯，可是李白幽居的桃花岩，由于有“绿萝树下春风来”、“碧峰巉岩绿水回”，所以无需他为踏青而费神。李白即使足不出户，在石室里也能听见“南窗萧飒松声起”；他只要走到门外，就能“拂花弄琴坐青苔”，因此，这一年开春以后，李白与邻村青年白毫子经常在松林里聚会。后来李白写了一首题为《白毫子歌》的诗，诗歌描述了他与白毫子在白兆山的美好春日生活。诗中写道：

淮南小山白毫子，乃在淮南小山里。
夜卧松下云，朝飡石中髓。
小山连绵向江开，碧峰巉岩渌水回。
余配白毫子，独酌流霞杯。
拂花弄琴坐青苔，绿萝树下春风来。
南窗萧飒松声起，凭岩一听清心耳。

《白毫子歌》里所说的“淮南小山”，指的就是安陆白兆山。

有一天，安州的一位友人怀着好奇心到桃花岩来看望李白。当这位友人请李白谈谈远离城市、亲事农艺的感想时，他吟诗作答：

问余何意栖碧山，笑而不答心自闲。
桃花流水窅然去，别有天地非人间。

李白在《白毫子歌》里描述的白兆山春日美好景象，恰好是他对这首诗里的“非人间”、“天地”的注释。

当这位友人弄明白了李白乐“栖碧山”的意图以后，要求他以诗相赠，李白给这首诗取了一个《山中问答》的名字，然后挥翰书赠此诗。

开元十八年（730 年）春，孟浩然从襄阳来到江夏，他打算乘船去扬州游览。

李白从安陆赶往江夏与他相会。诗坛这两位知音的会合，使他们逸兴超迈，壮思飞腾。他们每天在一起临江观景、凭栏赏月、饮酒说文、击节吟诗，在江夏盘桓了数日。

孟浩然想趁着花似锦、柳如烟，春意正浓的时候去游扬州，所以只好到此与李白话别。在三月末的一个早晨，李白把孟浩然送上了开往江东的帆船，然后目送着这条船像一片小叶渐渐在水天相接之处隐去。楚天瀚水，气势恢弘；江山如画，情景交织。在这两位诗坛知音就此作别的历史时刻，李白写了一首脍炙人口的七言绝句《黄鹤楼送孟浩然之广陵》。其诗如下：

故人西辞黄鹤楼，烟花三月下扬州。
孤帆远影碧空尽，唯见长江天际流。

李白与孟浩然的这一次会见，把他们的友谊推向了高潮，但是从这以后，他们没有再次相见。

送走孟浩然以后，李白立即返回了安陆。

李白及其家人迁居白兆山以后不久，安州李长史和马郡公相继调离。

新来的裴长史刚到安州的时候，除了经常与安州州府和安陆县衙的官吏接触，处理一些日常的大小公务之外，还经常忙着出席各种庆典，会见安州各界名流。李白也参加过几次盛会，他才思敏捷，很快就被裴长史发现了。后来，李白到裴长史府上呈递了几次诗赋，以求他的赏识。裴长史看了李白的行卷，觉得他是个风流才子。一个新到任的地方官，看到自己的治内不乏人才，很受鼓舞，他前后接见了李白八九次。

李白满以为会受到裴长史的举荐，却没料到又有人说起了他的坏话。谗言之中包括了几年前李京之的那一次中伤所用的谗言。

官场如戏。裴长史凭他多年为宦的经验，知道这些谣言背后的倾轧势力不可小视。他认为替一个素昧平生的人辩护而受到牵连很不值得。于是，他两叶掩目，冥然无睹，多一事不如少一事，裴长史对李白渐渐冷淡下来，到后来再也不愿意接见他了。

就在李白孤立无援、十分困惑的时候，他初游金陵时结识的好友，宣州南陵县少府韦冰在路过安陆时到白兆山看望了他。

当事者迷，旁观者清。韦冰听完李白的诉苦之后，给了他一些劝导。无论是怎样的朝代，总有见利忘义的人靠弄虚作假、徇私舞弊而获福的事发生。这些人把所获利益看作是自己的成功，他们既不会真正感激历史功臣的恩德普照，也不会真正遵行勤劳务实的做人原则，更不会从心底去诚服能给大多数人带来福音的高尚信仰。即使说势利之徒的发迹曾得到过他人的惠顾，但他们会说，多数惠顾别人的人事先也得到过受惠人的好处和追捧，因此，他们不欠谁的情。这就是腐败世态。

李白曾经引以为荣的岳父家史，只能算是时过境迁的往事。人已死，官已没，许家在安州已没有权势。既然许圉师的儿子依靠许家的名望在安州只得了个员外郎空头衔，那么像李白这样的外来户、外姓人，一个徒有虚名的益州公子、安州许相公家的入赘孙女婿，想在人们争先恐后、趋之若鹜的进仕之途一鸣惊人，未免太书生气了。

经过韦冰肝胆相照、拨云见日的一番劝导，李白的思绪豁然开朗。韦冰见李白心情好转，就向他发出了再游宣州的邀请。

李白与韦冰同游宣州的时候，定下了去长安开辟政治前程的大计。他在离开宣州之前，写了一首名为《别韦少府》的诗送给韦冰。诗中写道：

西出苍龙门，南登白鹿原。
欲寻商山皓，犹恋汉皇恩。
水国远行迈，仙经深讨论。
洗心向溪月，清耳敬亭猿。
筑室在人境，闭关无世諠。
多君枉高驾，赠我以微言。
交乃意气合，道因风雅存。
别离有相思，瑶瑟与金樽。

唐代江南西道的芜湖、宣州地处天目山与长江之间。发源于天目山、黄山、九华山的水阳江、青弋江自南向北从当涂、芜湖流入长江。韦少府所在的南陵县境内的青弋江、漳河有30多条支流，河湖交织，港汊密布，水体流向多变，是纵横交错的水网地带，有如水乡泽国。

李白在《别韦少府》一诗里用“水国远行迈，仙经深讨论。洗心向溪月，清耳敬亭猿”描述了他再次与韦冰在南陵、宣城沿着青弋江、漳河及其他大小河湖同游，共话现实生活、天下大事，以及他们对出尘如仙理想的憧憬。

这首诗中的“西出苍龙门，南登白鹿原”，说的是李白已经立意，要到在蜀中读书时期曾经梦想过的大汉帝国都城的未央宫去瞻仰，并从那里的东阙出发，向西到唐代的政治中心长安去游览，然后向南到白鹿原去开阔视野、怀古揽胜，效仿帝王先贤，吸取天地之灵气的打算。

古代的白鹿原地处今天陕西省西安市东南20里处，是一块南北宽约20里，东西长约60里，西南面临浐河，东北面临灞河，四面环水的一块经过千百万年风成的黄土台原。《后汉书·郡国志》载：

“新丰县西有白鹿原，周平王时白鹿出。”《水经注》有曰：“平王动迁时，有白鹿游弋于此原，以是名。”

在白鹿原上建有历代王朝的皇家郊游狩猎御园，以及汉文帝的霸陵和汉文帝之母薄太后的坟墓。

李白既然是打算去长安开辟政治前程，胸中必定有宏伟的气魄。此刻他虽未到过长安，但是从书籍文献和信函交谈之中早就获得了关于白鹿原的印象。一个想成就惊天动地大业的人到了长安，决不会不去白鹿原瞻仰汉文帝的霸陵、汉文帝之母薄太后的坟墓，以及众多的文物古迹。

这首诗中的“欲寻商山皓，犹恋汉皇恩”说的是他要学秦末隐士东园公、夏黄公、绮里季、角里等四位在秦始皇时期职掌通古今、辨然否、典教职的博士因见秦政暴虐而隐居商山，过“岩居穴处、紫芝疗饥”生活的气节；要像既有文气，又有刚强勇武魄力的汉武帝那样，树立起能选贤任能、废黜百家、独尊儒学、削弱王侯，建立稳固中央集权制国家的抱负。

这首诗中的“筑室在人境，闭关无世谊”，描写的是在这次韦冰来访之前，李白几乎与世隔绝的白兆山生活画面。

这首诗中的“多君枉高驾，赠我以微言”，说的正是韦冰在安陆白兆山对李白以警世“微言”相劝的事实。

李白告别韦冰之后从宣州回到了安陆，然而他并没有立即去长安。李白这次回安陆以后所做的第一件事，就是给安州裴长史写了一篇《上安州裴长史书》。

这篇《上安州裴长史书》以自传的形式开头，首先介绍了李白的家世、学历、志向、履历、婚姻、人品、才华。紧接着，李白在《上安州裴长史书》里对裴长史做了高度的赞扬。在这篇《书》的结尾，李白这样写道：

愿君侯惠以大遇，洞开心颜，终乎前恩，再辱英盼。白必能使精诚洞天，长虹贯日，直度易水，不以为寒。若赫然作威，加以大怒，不许门下，逐之长途，白即膝行于前，再拜而去，西入秦海，一观国风，永辞君侯，黄鹄举矣。

这是一段虔服训善，诚恳哀怜的话。李白恳请裴长史像以往那样再接见一次，使其有一个当面雪谤的机会，否则，他只好离开安州，另寻生计。

之所以李白在裴长史托故谢客的情况下，还要写这样一封自荐求情的信，是有其原因的。李白崇尚高洁，他在《于五松山赠南陵常赞府》一诗中，曾以兰草和青松的香与毅比喻过人的高洁的宝贵。诗中写道：

为草当作兰，为木当作松。
兰幽香风远，松寒不改容。

这些诗句说明李白把荣誉和正义看得极重。既然他不做暗室亏心的事情，那么他就不怕新来的长史检察真情。此外，他在安陆有妻子、女儿和白兆山的美好家园，只要能在州府或者安陆县衙门谋个职位，有报效国家的机会和稳定的生活来源，他并不想离开这个地方。

李白把《上安州裴长史书》送至州府门外，由当差的递了进去。此后，他在安陆城里等了不少时日，但一直杳无音信。

既然裴长史已无法依靠，李白在安陆难有出头之日，他就只好听从韦冰的劝导，到西京长安去寻找出路。

开元十八年（730 年）的初秋，李白依依不舍地告别夫人，千里迢迢到长安去寻求济世匡时、建功立业的机会。

六　赴长安开辟政治前程

李白从安陆出发，去京城长安（今陕西省西安市）要经过南阳。

他到了南阳没有立即北上，而是绕道而行，往南阳东北面的方城（今河南省方城县）去了一趟，原因是他的好友元丹丘当时在方城寺禅居，他要陪这位好友在那儿住几日，然后两人一起去颍阳（今河南省登封县西）。

李白在元丹丘的“颍阳山居”休息了十来天，其间写了一首《题元丹丘颍阳山居》，从这首诗里，可略知此行的内容。诗中写道：

仙游渡颍水，访隐同元君。
……
却顾北山断，前瞻南岭分。
遥通汝海月，不隔嵩丘云。
之子合逸趣，而我钦清芬。
举迹倚松石，谈笑迷朝曛。

颍阳和颍阳西北面的洛阳，在唐代皆属河南府管辖。这两地之间相距大约90里路程，骑马乘舟，一两日之内即可到达。

李白在第一次游嵩山时就有游洛阳的意愿，只是因故才没有成行，这一次他已经到了颍阳，去西京长安当然要选择经过洛阳的那一条路，顺便去看一看东都。

从颍阳去洛阳，在抵达目的地以前会经过龙门。

所谓龙门，又名伊阙，是传说中大禹为疏导洪水在洛阳城南30里处劈山而开的一道山口。这道山口的两边，山岩裸露、峭壁横亘，像两扇高大的门阙。

伊水自南而北流经这道伊阙，然后向东折拐、向北偏流，最后注入黄河。

在伊阙西面的山岩上开凿的龙门石窟，是一座大型的佛教名窟，始建于北魏从平城（今山西省大同市）迁都洛阳后的第二年（494年）。雕刻在龙门石窟数以千计的窟龛里的佛像，与题记碑刻、佛塔、寺庙一起，构成了龙门西阙的一道赫然大观。在伊阙东面的山腰上，建有著名的香山寺。

李白清晨从汝水东岸的颍阳出发，天黑之前就到了龙门。他在香山寺的禅房找了个住处，然后一连几天在伊河两岸游石窟、访寺庙、赏风景。这期间，他写了一首《秋夜宿龙门香山寺，奉寄王方城十七丈，奉国莹上人，从弟幼成、令问》。其诗有云：

朝发汝海东，暮栖龙门中。
水寒夕波急，木落秋山空。
望极九霄迥，赏幽万壑通。
目皓沙上月，心清松下风。
玉斗横网户，银河耿花宫。
兴在趣方逸，欢余情未终。
……
流恨寄伊水，盈盈焉可穷。

这首诗用二至五联描写了伊阙的景色，但李白没有把精力停留在对景物的赞叹上。紧接着李白写了“兴在趣方逸，欢余情未终”两句，其意思是说他此时的兴趣既不在“九霄迥”、“万壑通”、“沙上月”、“松下风”上，也不在“玉斗”、“银河”、“网户”、“花宫”上，而是在与友人方城兴会之后“未终”的“情”上。

面对龙门山间鬼斧神工的伊阙、伊阙两边独具匠心的佛教圣地，李白还念念不忘友情。从诗歌的艺术结构上说，这种把“盈盈一水间，脉脉不得语”般的温情、离愁摆在龙门壮景所引发的震撼之上的做法，是盛赞友情时锦上添花的艺术手法的体现；从诗人的情感上说，他把朋友之间人与人的关系摆到了人与物的关系之上，则反映了他对知心好友的无比真诚。

一个真正的诗人，首先必须是充满友爱之心的人。李白作品中“存交重义”、珍视友情的特色，也是他的诗歌感人的地方之一。

从龙门北上 30 里，就是唐朝的东都洛阳城。它坐落在黄河以南，地跨洛水两岸。这里的城郭宫殿、商街坊里、繁华熙攘，虽然比不上长安，但是城里重门紧闭的龙楼凤阙，柳色花光的九衢十街，都显现着都城的气派。

李白初到洛阳，仅仅住了几天，因为大唐天子、文武百官和繁华之最都在西京，他要趁严冬到来之前赶往长安。

开元十八年（730 年）秋，李白风尘仆仆地到了长安城东的骊山脚下，由于赶路心切，他未作久留就朝长安匆匆而去。

在离长安城几里远的地方，李白看见了岿然如山的长安护城和巍峨耸峙的护城城楼，顿时，他感到了帝国的庄严。

等到他进了长安城正东的春明门，然后走到东西两门之间的天街与南北居中的朱雀门大街交叉的十字路口时，他又为京城中心的商业繁荣而着迷。

朱雀门大街因直通皇城的朱雀门而得名。

李白沿着这条大街走到了皇城近处，当他把视线投向赭红色宫墙的上方时，他看到了紫禁城内大唐宫阙的飞檐山脊和琉璃瓦顶与葱郁的松柏交相掩映，禁不住发出了由衷的赞叹。

在朱雀门外的广场上，车马盈门。李白看见了从装饰讲究的马车上缓缓下来的大小官吏，这些人身着紫袍玉带、绯袍金带、绿袍银带，的确令人十分羡慕。

由于李白初入长安，人地生疏，一时找不到能够引荐他的人，所以，京城达官显贵的府邸和大唐皇室的玉楼金殿成了他无法跨入的禁地。

长安南面的终南山，又名南山、太乙山，是秦岭诸山之一。终南山东接骊山、太华；西连太白，至于陇山；它北距长安城 80 里，宛如京都南面的一道天然屏障。从长安城的高处远眺终南山，只见它秋冬时节山色苍苍、积雪皑皑；走到了它的近处，则可以见到山脚下宫观林立、十分清幽。由于皇上经常到这里避暑、巡幸，所以自汉代起，它不仅是京畿的道教圣地，而且是贵人、雅士们的幽栖之所。

《新唐书·卢藏用传》里讲了一个卢藏用科举落第以后在终南山隐居，结果被武后召见并出山做官，一直做到尚书右丞的故事。

这个故事中有一段这样的情节。有一次，卢藏用指着终南山对天台山道士司马承祯说：“此中大有嘉处”，司马承祯接着卢藏用的话说：“以仆视之，仕宦之捷径耳”，一语道破了卢藏用对终南山有特殊感情的用心。这就是“终南捷径”一语的来历。后来，很多有意仕进的文人墨客，都把隐居终南山当成了攀龙附凤见皇上、被征召的一种手段。

对于李白来说，终南山还有另外一些价值。首先，他的经济条件不允许他在长安的客舍里久居，那样开销太大，承受不了，而终南山则无此弊。其次，他在长安完全没有政治背景，而在隐居终南山的大批等待进身的人中，说不定有帮得了他的忙的人。因此，李白在长安没住几天就到终南山去了。

李白到终南山不久，与崔宗之相识。当时崔宗之在尚书省任职。崔宗之读了李白的诗文，听了李白的谈吐，觉得他是一个胸有大志、才华出众的人，所以十分乐于和他交往。

崔宗之的父亲崔日用在睿宗时（710 年）当过宰相，因此崔家在京城广有交情。由于崔宗之的引荐，李白在长安见到了当时正任宰相，其才学与苏颋齐名的燕国公张说。李白想依靠这个关系得到荐用，可是这时张说已重病在身，没等到有出面为李白说情的机会，在这年冬天就去世了。

张说的儿子张垍是唐玄宗的爱婿。张说死后，李白就把进身的希望寄托到了张垍的身上。然而，张垍出身相门，当了驸马，他既不需要像一般的文人学士那样在读书、求仕上拼搏，也不指望借朋友之力去趋炎附势，反正皇上就是他的丈人。他所担心的，倒是京城里像李白这样有才华的人太多，那样会给他的受宠高升带来一些阻力，因此，张垍想出了一个脱身之计。他虚情假意地劝李白到终南山玉真公主的别墅去做客，并且说只要公主高兴，就可以把李白的事迹立即奏知圣上，过不了多久，李白就可以平步青云。

李白对张垍的话信以为真。他在一个秋雨淅沥、泥泞难行的日子来到了玉真公主的别馆。李白走进别馆的院子一看，只见院中野草丛生，房舍的窗户积满了尘土，墙角柱边挂满了蛛网，甚至连锅台上也长满了青苔。他万万没有想到玉真公主的别馆原来是一座荒园。

玉真公主只是在这座别馆刚建成的时候来过几次，以后就没有再来。她当时不在长安，是因为到华山等地出游去了。

眼前的一幕，使李白深感受骗之苦。他虽然愤恨不已，但是仍然对张垍的举荐抱有幻想。

李白孤零零地住在这座别馆中。闲着无事，他把身边的几本书翻来覆去地看了一遍又一遍，翻破的地方，都被他一一补起来。他的每日三餐食不甘味，靠一个田家老妇照料，吃的都是些粗茶淡饭。有时候他感到实在有些寂寞，就拿两件衣衫换些酒来解闷。就这样，李白在玉真公主的别馆等了十几日。

在孤单寂寞、心情郁闷的深夜，李白夜不能寐思念起安州的夫人。他挑灯夜作，写了《长相思》。其诗有云：

长相思，在长安。
络纬秋啼金井阑，微霜凄凄簟色寒。
孤灯不明思欲绝，卷帷望月空长叹。
美人如花隔云端，上有青冥之高天，下有渌水之波澜。
天长路远魂飞苦，梦魂不到关山难。
长相思，摧心肝。

由于始终听不到长安方面的任何好消息，所以李白决定以诗的形式给张垍写一封信。当时张垍在长安做的是卫尉卿的高官，因此李白给诗取了个《玉真公主别馆苦雨，赠卫尉张卿二首》的名。

有关李白在去玉真公主别馆的途中和在别馆住下以后所受的苦，《玉真公主别馆苦雨，赠卫尉张卿二首》诗之其二中有这样的描述：

泥沙塞中途，牛马不可辨。
饥从漂母食，闲缀羽陵简。

关于他怀才不遇、饮酒以慰的苦衷，该诗之其一有云：

清秋何以慰，白酒盈吾杯。
……
独酌聊自勉，谁贵经纶才。

李白寄走赠张垍的诗以后，一直没有收到回信，这时候他才知道张垍是个靠不住的人。于是，李白决定暂时离开长安，到西北一带去游历一番，希望能在那儿找到知音。

暮秋时节，李白到了位于长安西北约300里的京畿道邠州（治所在今陕西省彬县）。

这里接近西北单于都护府治内的陇州（治所在今甘肃省泾川县），略有一些边地情调。李白刚到邠州不久就登上新平楼观景，随后写了一首《登新平楼》。全诗如下：

去国登兹楼，怀归伤暮秋。
天长落日远，水净寒波流。
秦云起岭树，胡雁飞沙洲。
苍苍几万里，目极令人愁。

从这首诗里，不仅可以看到西北苍凉的景色，而且可以体会出李白因“暮秋”、“寒波”、“秦云”、“胡雁”、“沙洲”而引起的思家“怀归”之情。

邠州长史李粲是个很好客的人。他享有两千石年俸，经常听赵女长歌，看燕姬醉舞，与满堂宾客一直宴饮到三更半夜。

李粲听了李白关于其家世以及他在长安所遇困境的介绍，虽然觉得推荐他入仕为官，眼下并不现实，但认为在自己府上多一个像他这样有才华的门客并非坏事，因此就把他留下来了。就这样，李白在邠州长史门下找到了一个食客位置，他在京畿有了容身和回旋的余地。

李白在郊州生活了两个月。这期间，李粲府上确实是三日一小宴，五日一大宴。虽然李白陪着别人饮酒赋诗、听歌观舞，不愁食宿，但是感到长此下去，将一事无成。诗以言志，李白用诗的形式提出了请李粲帮他进仕的要求。

这是一首题为《豳歌行上新平长史兄粲》的诗。诗的前部追叙了李白在“荷花初红柳条碧”的时节离开安陆，而在“胡霜萧飒绕客衣”的时节“流寓”郊州，像“寒灰”一样“寂寞”，像“落叶”一样“飘扬”的经历。其诗有云：

忆昨去家此为客，荷花初红柳条碧。
中宵出饮三百杯，明朝归揖二千石。
宁知流寓变光辉，胡霜萧飒绕客衣。
寒灰寂寞凭谁暖，落叶飘扬何处归。

紧接着，李白拿李粲的享乐生活与自己“凭谁暖”、“何处归”的寄人篱下、暗淡无光的处境做了对比，希望能引起李粲的同情。其诗有云：

吾兄行乐穷曛旭，满堂有美颜如玉。
赵女长歌入彩云，燕姬醉舞娇红烛。

在这首诗的最后，李白向李粲发出了吁请施舍“余光”，推举他走上仕途的呼声。其诗有云：

前荣后枯相翻覆，何惜余光及棣华。

李粲看了李白的这首诗以后，虽然认为诗中所说都是实情，但是往深处一想，觉得李白在安陆没有借其家世和才华入仕，到了京城又受到驸马张垍的戏弄，想必是因为在他身上存在某种举荐上的困难。既然李白心望很高，有负鼎之愿，不甘于目前的待遇，那么久留他也不会有什么好处，因此，李粲也想出了一个脱身之计。他借故说邠州已无职缺，而坊州（治所在今陕西省黄陵县）司马王嵩那里正需要一个帮闲的人，劝李白到坊州去寻求发展的机会。

求人的时候，总身不由己，李白只好接受李粲的这一安排。

唐代的关内道坊州，在长安正北200里的黄帝陵附近。

这个州的长史与邠州长史一样，是个喜欢歌舞达旦的人，而司马王嵩主管的是州里的军事，缺少在饮宴中舞文弄墨的本领，要想博得长史的欢心，他正用得上李白。

王司马热情地欢迎了李白以后，还介绍他与来坊州做客的阎正字相识。

有一天，李白陪着王司马和阎正字登高饮酒、对雪赋诗。值此冬春之交，天寒人暖之际，李白“愁颜发新欢”，即兴写了一首《酬坊州王司马与阎正字对雪见赠》。其诗有云：

宁期此相遇，华馆陪游息。
积雪明远峰，寒城锁春色。
主人苍生望，假我青云翼。

在这首诗里，李白先叙及了王、阎二人的友善，坊州游息生活的惬意，以及坊州岁暮年初安详宁静的景色。在诗的末尾，他忍不住又一次流露了希望得到友人举荐入仕的强烈愿望。

出于邠州长史李粲没有举荐李白的那一类原因，王司马也没有在政治方面帮他什么忙。不过，李白临行前他倒是给了不少路费。

从李白这时的经济状况来说，他确实需要这一笔钱，以使他有可能继续留在京畿等待进仕的机会。然而，从李白谋求仕途的初衷来说，他的长安西北行并没有达到预期的目的。因此，李白在告别王嵩的时候用一首《留别王司马嵩》对此作了表白。

李白在这首诗的开头写道：

鲁连卖谈笑，岂是顾千金。

这是在借鲁连用谈笑退秦军，却拒收平原君千金之酬的故事来说明他这次“西来”的动机也不是为了金钱。接下去，李白写道：

愿一佐明主，功成还旧林。
西来何所为，孤剑托知音。
鸟爱碧山远，鱼游沧海深。

这一段诗的语言十分明了，李白用“佐明主”、“托知音”、像“鸟”一样“爱山远”、像“鱼”一样“游海深”的描述，揭示了他不甘碌碌无为的气质。

开元十九年（731 年）初春，李白从坊州出发，然后经过长安，于仲春时节回到终南山旧居。随后他写了一首《春归终南山松龙旧隐》，以记其情。诗中写道：

我来南山阳，事事不异昔。
却寻溪中水，还望岩下石。
蔷薇绿东窗，女萝绕北壁。
别来能几日，草木长数尺。
且复命酒樽，独酌陶永夕。

李白别妻离女已有半年。虽然在长安及其周围郡县四下奔波十分辛苦，但是他心里时常惦念她们。

他的《寄远》诗之其一有云：

三鸟别王母，衔书来见过。
肠断若剪弦，其如愁思何。
遥知玉窗里，纤手弄云和。
奏曲有深意，青松交女萝。
写水山井中，同泉岂殊波。
秦心与楚恨，皎皎为谁多？

尤其是在春暖花开的时节，更能激发他的亲情。李白从坊州回到终南山旧居不久，一阵春风勾起了他的一缕爱意。李白忽然想起了远在安陆的妻子。他非常熟悉白兆山的景色，更了解夫人别后此刻的心思，于是，他给夫人写了一封信，在信中还附了一首《寄远》其二诗。全诗如下：

青楼何所在？乃在碧云中。
宝镜挂秋水，罗衣轻春风。
新妆坐落日，怅望金屏空。
念此送短书，愿因双飞鸿。

在这首诗里，李白把桃花岩的家比成了万树拥撑、千罗掩映的“青楼”，把从山岩上涓涓下泻的秋水比成了晶莹透亮的“宝镜”。他骄傲地回忆着碧云缭绕中的青楼石室，幸福地描摹着身穿轻柔的罗衣，着了新妆端坐在白兆山山顶的石头上，沐浴着和煦的春风，对着落日照耀下宛如金屏般的山岩惆怅相思的夫人。他仿佛在深情地对妻子说，正因为他们曾经拥有白兆山美好的一切，他们夫妻之间才有相思的同感。虽然此刻他们远隔千山万水，但是他深信，只要夫人见到了他的短信，就如同见到了他本人，如同有一只鸿雁飞到了她的身边，要与她一起比翼双飞。

这首诗的语言淳朴清新，虽然简短，但却意境幽远、深沉。

之所以李白没有在坊州结束他的第一次“西来”之行，而是重归他在终南山的松龙旧隐，是有其原因的。他上一年在将近暮秋的时候才到达长安，不仅在政治上因初来乍到毫无起色，而且因流寓在外、岁暮天寒，连个京畿的风光也没有看够。所以，他打算在春暖花开的黄金季节去弥补这些不足。

唐代京畿道都督府又称京兆府，其治所设在长安。除长安外，京畿道内还有一个大都会，那就是距长安四五十里的咸阳。

因为咸阳曾经是强秦故都，它与盛唐西京长安近在咫尺，有着国力发展上的延续关系，所以李白一看见咸阳，就会想到故秦，再由故秦而联想到盛唐。诗歌《君子有所思行》是李白登紫阁峰观景时，将眼前所见和过去所闻加以联想，然后变成“所思”的一个例子。其诗有云：

紫阁连终南，青冥天倪色。
凭崖望咸阳，宫阙罗北极。
万井惊画出，九衢如弦直。
渭水银河清，横天流不息。
朝野盛文物，衣冠何翕赩。
厩马散连山，军容威绝域。

这一段诗歌里的井、衢、水、天、文物、衣冠、厩马、军容，似乎反映的是以咸阳为都城的强秦盛况，但仔细一想，京都建在咸阳附近的大唐王朝，不也是这样么。由此看来，“君子”在“思行”的时候所说的话，实质上歌颂的是长安和盛唐。

在京畿道武功县（今陕西省武功县）南 90 里，有一座山顶终年积雪，望之皓然，比峨眉山还高的太白山。它无疑是李白向往的地方。李白游太白山以后写了一首《登太白峰》。全诗如下：

西上太白峰，夕阳穷登攀。
太白与我语，为我开天关。
愿乘泠风去，直出浮云间。
举手可近月，前行若无山。
一别武功去，何时复更还？

这首诗的四、六两句直接写太白峰高。其中“出浮云”已高不可攀，而登顶前“太白”出来“开天关”，则把太白峰从浮云之上提到了更高的“天上”。

这首诗的七、八两句也写太白峰高，但其语意既直接又含蓄。这两句诗情态关联、具有动感，是难得的锦句。其中“举手可近月”是直接写山高，它写的是登顶以前向上看，望着月亮就在山巅上，仿佛伸手可摘的感觉；而“前行若无山”是间接写山高，它写的是登顶以后向下看，看着脚下如无山，看着远方群山似泥丸的感觉。

这两句诗不仅进一步肯定了太白峰高，而且把人带入步云登月似的行进登山意境，从而给人以真实的动态质感和飘飘欲仙般的美的享受。这再一次展示了诗仙李白不同凡响的诗歌风采。

李白的松龙旧隐，位于终南山之阳，而他的一位复姓斛斯的田家友人，家住终南山之阴。李白每逢上长安，都要从斛斯山人的家门路过；闲时为了解闷，他也会翻山越岭，去访问这位朋友的田家。

后来，他写了一首田园风情十分优美的《下终南山过斛斯山人宿置酒》。全诗如下：

暮从碧山下，山月随人归。
却顾所来径，苍苍横翠微。
相携及田家，童稚开荆扉。
绿竹入幽径，青萝拂行衣。
欢言得所憩，美酒聊共挥。
长歌吟松风，曲尽河星稀。
我醉君复乐，陶然共忘机。

从这首诗里，人们可以清晰地看到，自然美以及人与人、人与自然的和谐，属于世间的最高境界。怪不得李白会因其天生的灵感而经常追求这种境界。有些人简单地把李白回归自然的隐居生活一概视为厌世、出世，这也许是一种误解。

虽然李白第一次入长安以后经常住在终南山，但为了政治前途，他必须间隔着去一去长安。

有一天中午，李白在长安街头先看见一辆横冲直撞、飞驰而过的宦官马车，扰得尘土飞扬、遮天蔽日；紧接着他又看到一群头戴华冠的斗鸡徒，趾高气扬、横行霸道吓坏了路人。内宦中贵们并无德望，却拥有万千黄金、连片豪宅；以斗鸡为业的恶少对国家并无贡献，却因皇上爱看斗鸡而受到宠幸，可以肆无忌惮地在京城胡作非为。这一类怪事使李白感到非常气愤，因此，他写了一首《古风》其二十四诗。诗中写道：

大车扬飞尘，亭午暗阡陌。
中贵多黄金，连云开甲宅。
路逢斗鸡者，冠盖何辉赫。
鼻息干虹蜺，行人皆怵惕。

诗里这些义正词严的话，是李白对当朝政治阴暗面的一次无情抨击；这首诗是盛唐时代揭露昏庸腐败的封建统治阶级的最早的诗歌之一。

自秦汉时起，中国基本上是一个统一强大的国家，当朝政清廉、国富民强之时，境外的邻国在武力上都不是中国的对手。然而中国北方的行国（汉时的匈奴，唐时的东、西突厥，游牧人的国家）和西方的吐蕃，因其具有兵强马壮，迁徙无常，伺机攻掠的长处，在中国的封建统治集团过于腐败或产生分裂的时候，也有在军事上取得主动地位，乘虚而入，占领土地甚至于建立国家的可能。中国整个的封建时代，就始终贯穿了汉族与以北方行国为主的邻邦各族的融合和斗争。

因此，李白在长安期间，还有一些关于女子辛勤濯洗衣物、飞针走线缝制成衣和仇视侵略、祈求和平的见闻。《子夜吴歌》是李白这时的作品。

《子夜吴歌》诗之其三写道：

长安一片月，万户捣衣声。
秋风吹不尽，总是玉关情。
何日平胡虏，良人罢远征。

《子夜吴歌》诗之其四写道：

明朝驿使发，一夜絮征袍。
素手抽针冷，那堪把剪刀。
裁缝寄远道，几日到临洮。

在毫无政治背景，且举目无亲的情况下，李白若急于求成地在长安等待攀龙附凤，被荐进仕，那肯定是一场梦想。因此，当他感到在长安空等已无多大作用的时候，就放弃了一步高升的幻想。开元二十年（732 年）的春天，李白离开长安，开始了归家的旅程。

虽然说李白离家将近两年，回安陆与亲人团聚之心急切，但是他经过一番计算之后认为，假使从长安先乘舟到洛阳上岸，然后翻越嵩丘和伏牛山下南阳，去安陆，不一定比先坐船到梁园，后走平路骑马回家更快，因此，他选择了后一条返回路线，以便在回家以前顺路去看一看梁园。

所谓梁园，又名梁苑，它地处唐代河南道汴州（今河南省开封市东南）的汴水（今惠济河）之滨，曾经是汉代梁孝王的游赏之所。

梁孝王在大治宫室期间，先在梁园修筑平台，而后以平台为基础建造过离宫。

汉室之胄的离宫，梁孝王的游园，早就是李白心目中的访古对象。这一次既然是不用多费时间就能够一遂心愿，他当然乐于去游梁园。

这年 5 月，李白乘舟沿黄河东下到了梁园。

他下了船一看，这汉代梁孝王的宫殿林园，哪里还有昔日的宫阙辉煌、绿水扬波、花繁叶茂？几百年过去了，如今只剩下一些古木涸池、败瓦颓垣。李白只是通过想象才仿佛看见昔日的梁园：在高大的平台上，梁孝王坐在离宫前观月赏心，有司马相如陪侍在身边为他吟咏，有戏班伶人为他妙舞轻歌，还有台下湖中的绿波荡漾、荷花吐艳。然而，这一切都一去不复返，眼前这遗址废墟的一片荒凉，在李白的心头平添了几分忧郁。

李白一回到城里就进了酒楼。在酒楼上，他一手拿着酒杯，一手拈着玉盘中的杨梅，蘸着雪白的吴盐下酒。踏青访古以后的持盐把酒、登楼赏景，使他的心情好了起来，从而酝酿出一首名为《梁园吟》的诗歌。

这首诗的开头，有这样的诗句：

我浮黄河去京阙，挂席欲进波连山。
天长水阔厌远涉，访古始及平台间。
平台为客忧思多，对酒遂作梁园歌。

这几句诗写的是李白去梁园的经过、目的和初到梁园时的心情。紧随其后，李白写道：

人生达命岂暇愁，且饮美酒登高楼。
平头奴子摇大扇，五月不热疑清秋。
玉盘杨梅为君设，吴盐如花皎白雪。
持盐把酒但饮之，莫学夷齐事高洁。

这里所说的夷齐，指的是殷末周初时的伯夷和叔齐。他们因反对周武王灭殷而耻食周粟，以至于饿死在首阳山上。李白在这段诗里高呼不要像夷齐那样自持高洁，而应该“且饮美酒登高楼”，他说的是一些劝人劝己及时行乐的消极话。

之所以李白到了梁园会这么说，与他初入长安失意而返有关。李白别亲进京，为的是寻求一条入仕坦途，可是眼看着两年将要过去，只落得空手而回，他心里是十分愁苦的。因此，他在“平台为客忧思多”之后，用了一句“人生达命岂暇愁”来自慰。

说到他形成这种自慰的理由，可以先看一看《梁园吟》下面的诗句：

昔人豪贵信陵君，今人耕种信陵坟。

荒城虚照碧山月，古木尽入苍梧云。
梁王宫阙今安在？枚马先归不相待。
舞影歌声散渌池，空余汴水东流海。

显而易见，李白是把自慰建立在他自己认为的某种优势之上的。他认为虽然他在长安没有开辟出仕途，但此刻照样行乐；而昔时的王公豪贵及其城池、宫阙、舞榭歌台和声名，虽然曾经辉赫一时，但是都不能保其常在。尽管这是一种消极无为的逻辑定式，在朝政渐失清廉的现实面前，好歹它也是一种无可厚非的自慰方式。不过，封建统治者不劳而获、极端自私，毫无精神追求，重在动物感官享乐的沉湎淫逸、穷奢极欲的一生享乐，是常人辛勤劳作、简朴生活的平庸感受所无法比拟的。这就是为什么八方才子、墨客骚人趋之若鹜赶考应试，苦心钻营攀龙附骥，以求贪财慕势、高官厚禄；而后来饱受奴役之苦的民众反帝反封的理由。

每逢李白受到挫折，他总会做一番类似的自慰，以寻求精神上的自我保护。一旦他在这种保护下获得了再生，他的安社稷、济苍生的远大理想又会倏然而生。《梁园吟》中最后的几句，正是他经过这种自慰以后，进取精神获得再生的一次写照。其诗有云：

歌且谣，意方远，东山高卧时起来，欲济苍生未应晚。

这几句诗表明，李白的“平台为客忧思多”和“莫学夷齐事高洁”，都只是他在政治上受挫以后的暂时反应。他心中潜在的高尚意念始终如一地注视着远方，他要像东晋时期的宰相谢安那样，先高卧东山，等时机到了再起来“济苍生”。

七　以湖北为中心的交游时期

开元二十年（732 年）夏天，李白从梁园启程回安陆。

由于怕许夫人在家久等着急，李白在离开长安之前，曾给她写过一封“报晓”信，信里还附了一首《寄远》其十一诗。诗中写道：

美人在时花满堂，美人去后余空床。
床中绣被卷不寝，至今三载闻余香。
香亦竟不灭，人亦竟不来。
相思黄叶落，白露湿青苔。

从表面上看，诗里的话出自许夫人之口。她把丈夫比作“美人”，并且告诉丈夫：由于他三载不归，所以家里才“去后余空床”、“绣被卷不寝”、“至今闻余香”；她日夜挂念，从春到秋“相思黄叶落”，桃花岩的山间小路因为长久没有丈夫的足迹而长满了青苔。从实质上说，李白在叙说夫人的相思情时，他自己何尝不像他在《寄远》诗之其二里所说的“念此送短书，愿因双飞鸿”那样也在相思呢？

李白之所以用夫人的口吻说相思，这一方面是出于在男尊女卑的封建社会，相思诗有写女子闺怨的习惯，另一方面，由于用别人的口气说话比用自己的口气说话难，所以，李白用夫人的口吻说相思，是他的诗歌艺术手法高超的一种体现。

许夫人收到李白的信以后没过多久，她的丈夫仿佛从天而降，突然出现在自己面前。

李白一走进白兆山桃花岩的家，浑身夏日旅途的暑热，顿时就被绿树簇拥、青萝拂缀的石室里沁人心脾的清凉所驱散。虽然只要看一眼就知道他这次回来并不是衣锦还乡，但是许夫人仍然激动不已。她迎上前去一把接过李白手中的行李，千言万语虽未说出，却都流露在这一瞬间。

李白环顾了一下四周，室内的陈设依然如旧。他摸了摸书案，还像往日那样干干净净、一尘不染；他闻了闻绣被，果真还隐隐约约留有余香；他转过身来看了看妻子，那姣好的身姿比过去显得健美丰润；他又朝屋里屋外打探了一下，却没有看到自己的女儿。

许夫人领会了丈夫的意思，走到门外喊了几声“奴儿”，只见一个活泼可爱的4岁女孩，小手上拿着一束野雏菊，连蹦带跳、有说有笑地从石室旁边的草坡上跑了回来。她一进屋，就被家中的这位“山外来客”弄得有点胆怯起来。许夫人抱起明月奴，亲昵地对她说了一句“快叫爸爸”，小女孩这才转恐为笑，扑到了李白怀中。

地处淮南涢水之滨的白兆山，虽然不是名山，但其非凡的景色，使之仍不失宇宙之美、造化之奇；李白家在桃花岩的石室幽居，虽然十分简朴，但却充满了天伦之乐和纯情温馨。此时此景，一下子就让李白忘记了“怀才不及仕，生世如转蓬”的苦楚。他深深地感到外面的世界虽然有着百般繁荣、千种风情，却还有唯我独尊、钩心斗角、无情无赖，可是这桃花岩的小小世界，则是真正属于他自己的美好世界。

从开元二十年李白回家的那一天起，一年之内他没有离开过安陆。

李白的整个身心都投进了白兆山，他决心在白兆山的花朝月夕、桃红柳绿、田园风情中尽享天伦之乐，以找回离家两年来失去的一切。

李白这次回家不久，正值仲夏。虽然他有桃花岩的石室幽居可以避暑，但是像他这样酷爱自然的人，决不会在整个夏天的大好晴日都把自己关在石室中。他要到青林中阳光斑斓的树阴下去倾听松涛鸟语，去轻摇羽扇；他要在上身裸袒、脱去头巾的自由天地间去呼吸带着林草清香的新鲜空气，去沐浴山峦间柔和爽人的清凉松风。

《夏日山中》一诗是李白在这一时期的作品。全诗如下：

懒摇白羽扇，裸袒青林中。
脱巾挂石壁，露顶洒松风。

在这首诗里，李白用精练的笔法和简洁无华的语言，绘声绘色地描述了他在山中纳凉时的逼真形象，因此，这虽然只是一首小诗，但却是一首反映李白天然之乐的自然气息十分浓郁的佳作。

《友人会宿》和《山中与幽人对酌》是与《夏日山中》同时期的作品。

其中《友人会宿》诗写道：

涤荡千古愁，留连百壶饮。
良宵宜清谈，皓月未能寝。
醉来卧空山，天地即衾枕。

这首诗描写了李白在与世无争的人与自然格调熏陶下，与友人在白兆山的山野林间、草地石上饮酒作诗、谈经论道、交换见闻，喝醉了酒就地而卧，把天和地当作衾和枕时的粗犷形象。

《山中与幽人对酌》里写道：

两人对酌山花开，一杯一杯复一杯。
我醉欲眠卿且去，明朝有意抱琴来。

这首诗描写了在李白的天伦之乐和天然之乐以外，他在与友人清谈、酌酒对饮时的欢朋之乐。

《山中与幽人对酌》里没有提到“我”、“卿”之间的谈话内容。诗的前三句主要写了两人纯粹是一杯一杯痛痛快快地喝酒，先把脸喝得像朵山花那样通红，后把头喝了个醉醺醺、昏沉沉，想要睡去的饮酒酣态。

在这首诗的结尾，诗人在“我”欲眠未眠、似睡非睡的背景下，安排了一句“明朝有意抱琴来”。这句诗里的伏笔，仿佛是在告诉友人，明日若还有兴致，要再抱着琴来，两人好一边饮酒、一边抚琴，也许还要一面吟诗、一面言志。这样的伏笔，让诗的意境给人留下无限的遐想空间。李白在醉后告诉友人的话，同时也是这首诗要告诉读者的。

由此看来，《山中与幽人对酌》是一首既直率又含蓄，既短小又深长的招人喜爱的好诗。

开元二十年下半年，李白从安陆白兆山隐幽生活中获得了亲情、友情、天地之情的丰收。然而，像他这种功名心强、性格豪放、喜欢交游的人，忽然间躲进山中不问世情，肯定会引起别人的关注。

有一天，李白收到了刘侍御的一封信。信上对他安于山野生活，不求功业伟名的做法提出了质疑。就此，李白写了一首题为《安陆白兆山桃花岩寄刘侍御绾》的诗，用来对刘侍御的疑问做出回答。诗中写道：

云卧三十年，好闲复爱仙。
蓬壶虽冥绝，鸾凤心悠然。
归来桃花岩，得憩云窗眠。
对岭人共语，饮潭猿相连。
时升翠微上，邈若罗浮巅。
两岑抱东壑，一嶂横西天。
树杂日易隐，崖倾月难圆。
芳草换野色，飞萝摇春烟。
入远构石室，选幽开山田。
独此林下意，杳无区中缘。
永辞霜台客，千载方来旋。

李白用诗的前三联叙事。其中第一联讲的是从李白的记事之日算起，他已经有了大约30年爱山爱水爱神仙的生活经历这件事。

在第二联中，他把自己比成有百鸟之王美称的山中凤凰，把担当国家大任，成就功名伟业比成攀登极其高远的蓬莱仙山。他同时还告诉人们，虽然他的理想与现实还有很大的距离，还存在着不小的矛盾，但是他的内心却十分坦然。为什么李白初入长安失意而归还心地坦然呢？理由很简单，因为桃花岩有他的天伦之乐、天然之乐、欢朋之乐，所以他用诗的第三联说出了“归来桃花岩”，可以对着“云窗”憩眠，以修身养性、颐养天年的心里话。

对于李白来说，白兆山在医治他的精神创伤上具有神奇的功效。这一方面是由于那里有他的贤妻爱女的原因，另一方面是因为白兆山具有独特的环境魅力。

这首诗的四至八联完全用于写景。人与人，能站在两道山岭之上隔着山沟去对话；猴与猴，能手攀着藤，手接着手，悬在空中去饮潭。似这样出尘入画、原始古朴的自然风貌，李白仅在第四联中用了10个字就把它刻画得惟妙惟肖，因此，这样的锦句也是为后世千古传诵的范例之一。

正因为每当走上了薄雾缭绕的翠绿山峦，宛若登上了传说中浮水而出的岭南罗浮山；每当到了阳春三月，就走进了芳草和飞萝铺满大地、挂满岩边的梦幻世界，所以李白才看中了这“两岑抱东壑，一嶂横西天”的桃花岩。李白在这首诗的第九联中，用“入远构石室，选幽开山田”的诗句讲述的就是他返璞归真，在桃花岩安家，从而唱响青春之歌的那段往事。

这首诗的最后两联，写的是李白在回顾了他忧与喜的经历以后，对今后生活的一种看法。他直言不讳地说出了他杜绝世间尘缘的林下之意，不仅仅是出于修身养性，“得憩”于“云窗眠”的动机，而且是为了避免再到达官显宦、豪绅贵人的府宅去看人脸色、听人摆弄，做可怜巴巴的干谒客和帮闲。他想成为一个顶天立地、能够自己主宰自己命运的人，虽然他此刻还不能做到这一点，但是他寄希望于未来。俗话说人到世间千载一遇。既然东奔西走32年已经过去，耗尽了青春活力仍然遇不到一个知人善任的伯乐，那就干脆让这一千年统统过去吧，倘若是人生还有来世，等到了下一个千年，说不定就会遇到机缘。

人不会长生不死，人生也不存在来世。李白把自己发迹的日子后推千年这样遥远，其实并不是他的真意。他想说而没有说的是，倘若一个有济世经国的远大抱负，有能与司马相如比肩的聪明才华的人要等到千年以后才会被人公认，那么现实又是怎么一回事呢?

由此看来，李白在《安陆白兆山桃花岩寄刘侍御绾》一诗最后的一联中所说的话，实质上是对当时的朝政缺乏清廉之风的一种嘲讽。

虽然李白在白兆山的隐逸生活与他在梁园“且饮美酒登高楼”的举止，都使他在政治上受挫以后的心灵得到了保护和安慰，但是前一种方式比后一种方式积极、健康得多。其理由是，在白兆山的田园生活中，李白用自己的情感、诚信、劳动、智能维护了家庭的和睦与发展，从而通过家庭这个社会细胞推进了社会的文明。

经过了一个秋冬的休整，李白被最近两年的流寓生活弄得有些疲惫的身心，又恢复了轩昂神韵，以至于到了开元二十一年（733年）的初春，他又像被关在笼中一样感到焦躁不安起来。李白已无法安坐书室，他不满足于在香烟缭绕下行吟坐咏，仅靠清高的想象去遐登蓬莱、手弄白日、挥斥幽愤。他打算进行一些短期的交游，无论是否能够因此而获得事业上的转机，这样做至少可以为日后的诗歌创作增添一些动力。

李白把这次短期交游的地点选在了江夏。这一来是因为江夏离安陆很近；二来是因为江夏的初春时节有为他所熟悉、令他去着迷的“碧水浩浩云茫茫”，“陌头杨柳黄金色”。似这样辽远弘犷、娇媚清秀的景色，不仅东都和西京没有，即便是在金陵、蜀中也看不到。再者，在与江夏一水之隔的汉阳县，他还有一位好友王汉阳。正因如此，无论李白是初出蜀中，还是居家安陆，他都乐意到江夏、汉阳去。

李白到了江夏，游山水，少不了登黄鹤楼赏景；访故人，忘不了汉阳县令王汉阳。在友好宽松的气氛下，李白在江夏、汉阳逗留了一个多月时间，这期间，他写过一首题为《醉题王汉阳厅》的诗。全诗如下：

我似鹧鸪鸟，南迁懒北飞。
时寻汉阳令，取醉月中归。

暮春时节，李白从江夏返回安陆，又过起了他的田园隐逸生活。《自遣》一诗是他归家后暮春酒隐生活的一次写照。其诗如下：

对酒不觉暝，落花盈我衣。
醉起步溪月，鸟还人亦稀。

这首诗第一句中的“不觉暝”和第二句中的“盈我衣”，都具有时间深度，飘溢着李白独坐林下，长时间对酒独酌直至天黑，落花纷繁洒满衣巾的幽然情趣。三、四两句初看起来也是在叙事，说的是李白酣饮后回家的情形。但是仔细一分析就会发现，这两句诗主要写的却是景。月落溪中、鸟还山林、人归田舍，好一幅幽美、宁静的山水田园诗画，即使是在月色青光之下有一位半醉起身，蹒跚而去的饮者，也没有打破这画中的沉寂。

通过这首诗歌，人们可以清楚地看出，李白不仅是一位酒神，一位酒后的诗仙，而且是一位以诗代画的山水田园绘画大师。

玄宗开元时期，是唐代国势的全盛时期。这一时期的地方政府设置仍旧沿用初唐时的州县制。到了开元二十年，在原有的州县之上，又设置了十道采访处置使，以检察各地官府的非法行为。这一职位与汉代的刺史之职相当，且被规定为常制。开元二十一年（733 年），又分十道为十五道，其中，山南东道采访处置使的治所设在襄阳。

开元二十二年（734 年），曾经历任荆州长史的韩朝宗升任山南东道采访处置使要职。由于韩朝宗在从政期间曾经招贤纳士，举荐了崔宗之、严武等有识之士于朝，所以深受当时有意进取的人的热爱。这些人纷纷投奔他的门下，以求一显身手、受到识拔。

李白从长安返回安陆以后，转眼间就过了将近两年。虽然他衣食不缺、情感充实、日子过得十分闲适，但是只要想到一个年届 34 岁，且熟读诗书、满腹经纶的男子不仅不能为社会做杰出贡献，而且连一家三口的日常生活还得靠夫人的嫁妆和岳父在白兆山的薄田寸地来维持，心里就不是滋味。

有一次，李白从朋友那里获悉，韩朝宗已升任山南东道采访处置使，并即将到任的消息，于是又动了心。“生不用万户侯，但愿一识韩荆州。”这句称誉韩朝宗推贤进士美德的赞辞，李白早有所闻。如今这位“韩荆州”马上就要到离安州不远的道府治政，若是去拜访他，说不定真会交上脱颖而出的好运。抱着这一期望，李白便去了襄阳。

这一年初春，襄阳城内的山公楼上宾客盈门，刚来襄阳不久的韩朝宗正春风得意地在这里设宴迎宾。襄阳道府的文官武士济济一堂；山南诸州的朝野豪俊群贤毕至。李白趁着韩朝宗新官上任喜气洋溢；素有令名必含雅量的大好时机，头戴高冠、腰佩长剑，以益州公子、青莲居士、安州许相公家入赘孙女婿的身份赴了会。

山公楼宴会以后，李白给韩朝宗写了一封名为《与韩荆州书》的信。他在这封信的开头部分这样写道：

白闻天下谈士相聚而言曰：“生不用万户侯，但愿一识韩荆州。”何令人之景慕，一至于此耶！……所以龙盘凤逸之士，皆欲收名定价于君侯。愿君侯不以富贵而骄之，寒贱而忽之，则三千宾中有毛遂，使白得颖脱而出，即其人焉。

这主要是一段赞美韩朝宗的话，除此之外，在这段话的末尾，李白向韩朝宗说出了他毛遂自荐的想法。

接下去，李白向韩朝宗简叙了他的身世和经历。《书》中写道：

白陇西布衣，流落楚、汉。十五好剑术，遍干诸侯。三十成文章，历抵卿相。虽长不满七尺，而心雄万夫。

再往后，李白向韩朝宗提出了请允许他当面一试身手的要求。《书》中这样写道：

幸愿开张心颜，不以长揖见拒。必若接之以高宴，纵之以清谈，请日试万言，倚马可待。

在《与韩荆州书》的最后部分，李白写道：

至于制作，积成卷轴，则欲尘秽视听，恐雕虫小技，不合大人。

李白把他多年创作的诗文的部分精粹，连同这篇《与韩荆州书》一起送到了韩朝宗府上，然后他在襄阳等了一些日子，可是结果并不像他起先想象的那样令人乐观。韩朝宗看了李白的《与韩荆州书》，一直没有作出回应，李白从襄阳少府李皓那里打听到了其中的原因。韩朝宗感到《与韩荆州书》一文的磅礴气势、纵横辞彩和过于夸张的倨傲言论有些咄咄逼人；他对李白在山公楼的宴会上见了他长揖不跪的表现非常不满。韩朝宗认为，李白是一个桀骜不羁、不肯真正曲就于人、不甘当别人走卒的人，所以，他对李白才这么冷淡。

李白在离开襄阳的前夕，与友人在山公楼上饮酒话别。他远望汉水碧绿如染的一江春水，恍惚觉得这恰似新熟刚酿的葡萄美酒。

在七分酒意、十分失望的情况下，他拟就了一首《襄阳歌》。其诗有云：

鸬鹚杓，鹦鹉杯，
百年三万六千日，一日须倾三百杯。
遥看汉水鸭头绿，恰似葡萄初醱醅。
此江若变作春酒，垒麴便筑糟丘台。

千金骏马换小妾，笑坐雕鞍歌《落梅》。
车旁侧挂一壶酒，凤笙龙管行相催。

这一段诗里吐出的“百年三万六千日，一日须倾三百杯”的饮酒狂劲和“千金骏马换小妾，笑坐雕鞍歌《落梅》”等及时行乐的怪语，是李白在面对较大的政治打击时的惯常反应。

在《襄阳歌》的最后部分，有诗说道：

清风朗月不用一钱买，玉山自倒非人推。
舒州杓，力士铛，李白与尔同死生。
襄王云雨今安在？江水东流猿夜声。

在这一段诗里，李白又像往常一样，用富贵不能常在，饮酒可得痛快的扭曲心理，对世间的不平发泄了他的悲愤。

李白从襄阳返回白兆山，对夫人诉说了此行的苦衷，许夫人照例安慰了丈夫一番。当时正值开元二十二年的仲春，许夫人想起了丈夫每年春季爱去江夏踏青访友的习惯，于是劝他趁着盎然的春意去一趟江夏，以排忧解闷。

李白这次出游江夏，遇到了东都来的监察使官张祖。他觉得这是一次既向张监丞，同时又是借张监丞之口向东都的宦海群臣倾诉苦衷、自我表白的机会，于是写了一篇《暮春江夏送张祖监丞之东都序》和一首《江夏送张丞》赠与张祖。

李白在向张祖倾诉他“有才无命”、“误学书剑”的有翅难飞之苦时，用了《暮春江夏送张祖监丞之东都序》中这样的言辞：

仆书室坐愁，亦已久矣。每思欲遐登蓬莱，极目四海，手弄白日，顶摩青穹，挥斥幽愤，不可得也。而金骨未变，玉颜已缁，何常不扪松伤心，抚鹤叹息。误学书剑，薄游人间。紫微九重，碧山万里。有才无命，甘于后时。

看了这段略带几分哀伤的话，多少让人有些惜才。然而李白在这篇《序》的末尾却这样写道：

至于清谈浩歌，雄笔丽藻，笑饮醁酒，醉挥素琴，余实不愧于古人也。

这段话毫不掩饰地暴露出李白认定自己才高一筹的傲骨，难怪官场里的许多人对他拼搏求仕的顽强竞争存有戒心。

李白赠给张祖的《江夏送张丞》一诗这样写道：

欲别心不忍，临行情更亲。
酒倾无限月，客醉几重春。
藉草依流水，攀花赠远人。
送君从此去，回首泣迷津。

李白眼看着张祖马上就要回到东都洛阳述职，而自己回首江南渡头，还不知道上哪儿能找一条有稳定收入的出路，所以他在送别张祖的时候心里十分忧伤。不过这只是一阵子的事，当他遥望北方，想到安陆白兆山的美好家园时，又恢复了往日的平静。

李白到王汉阳府上道别以后就返回了安陆。

无论是李白的学识文采，还是他想追随君主建功立业的志向，许夫人都十分清楚。她从李白谋求公职如此之难这一点上，意识到官场必有小人作怪，挡住了丈夫的仕进之路。因此，她劝慰李白不要以一时的成败去论英雄，而应该保重身体，从长计议。

李白觉得夫人说的话很有道理，颇受鼓舞。他深信只要自己有这位相门之嗣做贤内助，与自己同甘共苦去度磨难，总有一天会见到光明。

这一年暑尽，李白接到好友，尚书省左司郎中崔宗之的一封信，信中有一首《赠李十二》。诗中写道："凉秋八九月，白露空园亭。耿耿意不畅，梢梢风叶声。……我家有别业，寄在嵩之阳。明月出高岑，清溪澄素光。云散窗户静，风吹松桂香。子若同斯游，千载不相忘。"

自襄阳受韩朝宗冷落算起，半年来，还没有一个像崔宗之这样才高任重的知己千里命驾来请李白。既然崔宗之邀他去嵩山之阳的南阳别业叙旧，李白当然乐此不疲。

到了南阳以后，李白与崔宗之朝夕相伴。这两人白天在菊潭上泛舟，晚上到白水上弄月；对酌用独山蕨下酒，吟诗用孔子琴谐韵；有时在当地豪彦的深宅大院借宿，有时在山间野处的茅舍过夜。他们"共话今古情"，"分明楚汉事，历历王霸道"，"清论既抵掌，玄谈又绝倒"。后来，李白在《忆崔郎中宗之游南阳，遗吾孔子琴，抚之潸然感旧》一诗里追叙过这一段往事。诗中写道：

昔在南阳城，唯飡独山蕨。
忆与崔宗之，白水弄素月。
时过菊潭上，纵酒无休歇。
泛此黄金花，颓然清歌发。
一朝摧玉树，生死殊飘忽。
留我孔子琴，琴存人已没。
谁传广陵散，但哭邛山骨。
泉户何时明，长归狐兔窟。

清冷泉是南阳的一处名胜。李白写了一首《游南阳清冷泉》。全诗如下：

惜彼落日暮，爱此寒泉清。
西辉逐流水，荡漾游子情。
空歌望云月，曲尽长松声。

开元二十二年（734 年）初秋，李白结束了在南阳的游览活动，开始返回安陆。

从襄阳到安陆，自古有一条大路。这条路在桐柏山和大洪山之间，途中要经过枣阳和随州，故被称为“随枣走廊”。从南阳到襄阳，则河流密布，自北向南，坐船十分舒畅。

李白与崔宗之分手之后，轻舟扬帆，背靠长风，沿白河自北向南顺流而下。

崔宗之在李白临行前曾一再安慰他，劝他不要把前不久在韩朝宗那里所受的冷遇看得太重，并且许诺回长安以后会一如既往地为举荐他而四处游说，可是李白总难以抹去心头那道怀才不遇、到处乞哀告怜的可悲阴影。与此同时，崔宗之爱才重义，关怀备至，千里迢迢赴南阳陪他同游的深情厚谊，则使他心上的阴影又添了一层手足别离的愁云。

初秋时节，从南阳去襄阳，江行沿线，一派迷人的风光。白日里，天高气爽、阳光辉煌，河岸上芳草处处，柔枝嫩叶碧色满眼。到了夜间，李白站在船头，看天上，星光灿烂、明月皎洁；看水中，船驰星河、飘若轻风；看河岸，银光青淡，云林幽静。天地之间，山对船行、月随山转；天水之间，江流尽头、水合青天。似这样的江行美景，李白已记不清见过了多少回，可是像这次一样在离愁正深的时候去接触风花雪月、草木虫鱼之类的自然风物，却并不多见。

诗人都有火样的激情，丝样的灵感。而对于李白这样的诗仙，此时此刻，必然会萌生出不同凡响的诗章。《月夜江行寄崔员外宗之》一诗，正是这种佳意天出、妙语仙成的杰作。其诗如下：

飘飖江风起，萧飒海树秋。
登舻美清夜，挂席移轻舟。
月随碧山转，水合青天流。
杳如星河上，但觉云林幽。
归路方浩浩，徂川去悠悠。
徒悲蕙草歇，复听菱歌愁。
岸曲迷后浦，沙明瞰前洲。
怀君不可见，望远增离忧。

这首诗第一联中的“江风”、“海树”，似乎出自两地，但实际上两者并不矛盾。从这首诗题名中的“月夜江行”和第一句中的“江风起”来判断，诗的确是在写江行。由于南阳至襄阳一路平坦、河床宽犷，在月色下看江河像看海一样，所以李白在诗的第二句中说了“海树秋”这样的夸张话。

诗的二至七联重点是写景，这其中的第六联和全诗的最后一联则是抒情，说的是李白与崔宗之分别以后，因离愁而悲苦，其悲苦的程度甚至到了悄然睡去的蕙草也能勾起悲伤；轻轻哼唱的采菱歌也能增添离愁的地步。由此可见，李白的情感是多么丰富、多么细腻、多么深沉、多么执着。

李白刚一到家，许夫人就把一沓信交给了他。这些信是朋友们在他游南阳期间寄来的，其中有一封元丹丘写的信。

元丹丘在信中对李白初入长安和拜见韩朝宗时的政治失意深表同情。他邀请李白到嵩山去住一些日子，以调整身心。嵩山的隐逸生活，有荡涤心灵积虑的功效，每次李白游历了嵩山，感触过元丹丘那种神仙般的生活，都会精神焕发、面貌一新，因此，李白接受了元丹丘的邀请，马上转过身来奔向中原。

元丹丘性格洒脱，重视真物，所以他非常喜欢李白这种才情纯厚、热衷大义的人；李白重友情，十分鄙视潜心钻营，利欲熏心的人，所以他很乐意与心地坦白、诚挚厚道的元丹丘相聚。这一次在嵩山，两位友人每天在一起朝饮颍川之清流，昼游少室之霞壁翠微，暮还嵩岑之紫烟。李白的这次嵩山之行，使他远离世俗，调养了身心。在一首名为《元丹丘歌》的诗里，李白把他对元丹丘嵩山生活的羡慕溶进了诗中元丹丘的生活照里。诗中写道：

元丹丘，爱神仙，朝饮颍川之清流，
暮还嵩岑之紫烟，三十六峰常周旋。
长周旋，蹑星虹，身骑飞龙耳生风，
横河跨海与天通，我知尔游心无穷。

这年秋末的一天，元丹丘接到本家从兄弟元演的一封信，信里邀他到东都洛阳去聚会。李白也同往偕游。

洛阳城南的洛水之滨，是东都有名的繁华地带。这里商铺林立，茶坊、菜肆、客舍、酒家、布店、银庄一应俱全。在洛阳期间，李白和元氏从兄弟成了这里的常客。他们经常在一家董姓店主所开的酒店里谈天说地、买唱听歌、挥翰吟诗、恣情酣饮。由于有李白这样的酒神诗仙经常光临，所以洛阳当地以及外埠来洛私游公干的雅贤之士、青云之客纷至沓来，从而使这家酒店的生意日益红火，以至于应接不暇的董老板又拿出巨资，在洛水天津桥边的黄金地段造了一座规模更大的新酒楼。

元演的父亲是一位驻守塞垣多年的将领。他半生所蓄的俸禄，不惜任爱子花销。有元演在经济上作后盾，李白在洛阳过着“黄金白璧买歌笑，一醉累月轻王侯”的旅居生活。

自李白成年之日算起，他在云游四方的过程中曾遇到过赵蕤、元丹丘、孟浩然、崔宗之、元演、王汉阳、孟赞府、韦少府等一群知音。一方面，他的这些知音主要是因为爱才而对他关怀怜惜，另一方面，他的这些知音因为本身地位不高而对他爱莫能助。因此，李白在洛阳玩了一个多月以后，心头的伤痛又被隆冬岁末的严寒和暮气勾起。

《冬夜醉宿龙门，觉起言志》一诗，是李白在旅居洛阳的一个多月快乐生活过后，乐定思乐，乐中有苦；有志难伸，内心怅恨的一个写照。诗的开头部分描述了李白在冬夜醉宿、更深夜静中突然惊醒时的痛苦之状，其诗有云：

醉来脱宝剑，旅憩高堂眠。
中夜忽惊觉，起立明灯前。
开轩聊直望，晓雪河冰壮。
哀哀歌苦寒，郁郁独惆怅。

诗的结尾部分写了他对世上不平的感叹，其诗有云：

富贵未可期，殷忧向谁写？
去去泪满襟，举声梁甫吟。
青云当自致，何必求知音？

这段诗的意思是说，既然没有人能够帮助他跳出长艰辛，空叹息的苦海，富贵青云似乎要靠命好才能自致，那么何必还去寻求知音呢？

李白这种此一时、彼一时的思想矛盾，来源于纯真理想与无情现实之间的矛盾。他个人无力去解决这种社会矛盾，但他可以暂时回避这种矛盾。回安陆与家人团聚就是最好的一种回避办法。

李白向元氏从兄弟说出了想立即回家的打算，但元演舍不得就此而别，他跟随李白去了一趟随州。后来李白在《忆旧游寄谯郡元参军》里讲述了他与元演游洛阳、访随州的情景。诗中写道：

忆昔洛阳董糟丘，为余天津桥南造酒楼。
黄金白璧买歌笑，一醉累月轻王侯。
海内贤豪青云客，就中与君心莫逆。
……
我向淮南攀桂枝，君留洛北愁梦思。
不忍别，还相随，相随迢迢访仙城。
……
紫阳之真人，邀我吹玉笙。
飡霞楼上动仙乐，嘈然宛似鸾凤鸣。
……
余既还山寻故巢，君亦归家度渭桥。

元演结束了随州之行以后，还要去游仙城山。李白写了一篇《冬夜于随州紫阳先生飡霞楼送烟子元演隐仙城山序》相赠。其序有云：

吾与霞子元丹，烟子元演，气激道合，结神仙交，殊身同心，誓老云海，不可夺也。……紫阳因大夸仙城。元侯闻之，乘兴将往。……恨不得同栖烟林，对坐松月。……乘春当来，且抱琴卧花，高枕相待。诗以宠别，赋而赠之。

李白在随州与元演分手以后，沿着涢水，途经长岭、平林回家。

路途中，他回想起冬夜醉宿龙门半夜惊觉时的苦涩，仿佛有一种青春之心被寒山摧折的感受；他远望着傍晚平林烟雾弥漫中暗藏生机的、枝条交织的松杉林，冷若冰霜的心仿佛又有了暖意。涢水边富家绣楼的灯光和深闺里女子忧郁的身影，勾起了李白对夫人的怀念。

俗话说，在家千日好，出门事事难。为了尽快“还山寻故巢”，李白在夜色中赶路，就像一只急急归飞的宿鸟。五里一短亭，十里一长亭，他一心所念就是还家的归程。

《菩萨蛮》一诗描写的正是李白这次从随州回安陆的途中情景。

诗中写道：

平林漠漠烟如织，寒山一带伤心碧。
暝色入高楼，有人楼上愁。
玉阶空伫立，宿鸟归飞急。
何处是归程，长亭更短亭。

开元二十三年（735 年）早春，李白回到安陆，归了他的“故巢”桃花岩。

李白每一次回家，总觉得内心十分愧疚。作为一个丈夫，他不能与妻子长相厮守；作为一个父亲，他不能给女儿带来福音，可是他每一次回家却能从家里得到无限温暖，尤其是在那浓冬腊月和这春寒料峭的时候，家庭的和美温馨，对于他来说比什么都宝贵。

元演与李白分手以后，家里发生了一些变化。他父亲升任了河东道太原府的府尹。

这年春夏之交，元演给李白写了一封信，邀他去同游太原。一方面，元演可以去看望父亲，另一方面，他可以尽主人之谊，与好朋友共叙友情。

对于李白来说，他早就知道河东太原晋祠的盛名。这一次有太原府尹的爱子元演做东，到那里去游览一番当然是难得的机会。此外，李白还这样认为，既然是自己的知音好友元演的父亲坐镇太原，到了太原在府尹面前推介一下自己，总比在韩朝宗那种名过其实的人面前献媚乞怜要好受得多。

这年5月，正是北游的好时节。李白在洛阳与元演会合以后，渡过黄河，越过太行山，走了半个月才到达太原。

元演的到来使他父亲格外高兴，李白作为他儿子的好友，也被看成了上宾，受到了盛情的款待。

在太原期间，李白和元演游览了所有的名胜古迹。晋祠是他们常去的地方。晋祠内的宏伟建筑、参天古木、碧水清潭、舞榭歌台，都让他们流连忘返。

李白在《忆旧游寄谯郡元参军》一诗里有一段关于这次游历的回忆。其诗有云：

行来北京岁月深，感君贵义轻黄金。
琼杯绮食青玉案，使我醉饱无归心。
时时出向城西曲，晋祠流水如碧玉。
……
清风吹歌入空去，歌曲自绕行云飞。
此时行乐难再遇，西游因献长杨赋。
北阙青云不可期，东山白首还归去。

李白根据他多年到各地官宅府邸干谒无成的经验推断，虽然元演的父亲在太原身居要职，且喜爱文士，十分友好，但是他父亲毕竟只是一个战将虎臣、地方官吏，如果指望元演的父亲帮助自己马上在这北国边陲平步青云，肯定不切实际。因此，李白即使是在这

“此时行乐难再遇”的时候，也没有忘记自己“东山白首还归去”的命运。

到了这一年的秋季，李白思家的心情日益加重。诗歌《太原早秋》有这种思怨的倾诉：

霜威出塞早，云色渡河秋。
梦绕边城月，心飞故国楼。
思归若汾水，无日不悠悠。

虽然李白急着想走，但是元演总劝他在太原多住一些时候，总不愿放弃借父亲的帮助让李白走上跟他齐足并驱的仕途的努力，于是，李白留在太原过了一个严冬。

开元二十四年（736年）初春，李白辞别元家父子，取道洛阳回家。

他到了洛阳，恰巧遇到从蜀中访道归来的元丹丘。好友相见，晤谈甚欢，两人一起在洛阳住了几天。

春天是诗的世界，李白这样的诗仙，在大好的春光面前怎能无动于衷呢？他这次的洛阳之行留下了两首春意无限的诗篇。其中的《洛阳陌》一诗中写道：

白玉谁家郎，回车渡天津。
看花东陌上，惊动洛阳人。

《春夜洛城闻笛》一诗有云：

谁家玉笛暗飞声，散入春风满洛城。
此夜曲中闻折柳，何人不起故园情。

根据第二首诗最后一联来看，春天不仅是诗的世界，而且还是情的世界。这越发加剧了李白的归心。

元丹丘看到李白因惦念妻子、女儿，急着要走，不好强留。他们一直同行到了颍阳才分手而去。

李白到达襄阳的时候，风和日丽，草绿江城，花开大堤。他的儿女情长在这万物复苏的春潮中又爆发了生机。诗歌《大堤曲》记下了他此时此刻的强烈心意，他恨不得立刻飞到妻子的身边，去找回飞散的梦魂。诗中写道：

汉水临襄阳，花开大堤暖。
佳期大堤下，泪向南云满。
春风复无情，吹我梦魂散。
不见眼中人，天长音信断。

风云不测。李白料想不到的是，他这次离开安陆仅一年时间，家里竟发生了翻天覆地的变化。

从开元十五年李白 27 岁入赘许相公家算起，到开元二十四年，李白婚后已过了 9 年。

这 9 年中的头几年，虽然李白没有固定的职业，但由于有妻子从娘家得到的嫁妆和遗产做经济保障，有岳父在安陆的声望做政治庇护，所以可以放心地到外面去访游干谒，谋求进身立业的机会。

他在外面不过是一个有家不能常居的飘零四方的游子，一个点缀官贵们华庭芳樽的门客，可是他从来不担心会遇到家庭危机。

这 9 年中的后几年，由于妻子的那一点家当在贴补家用时已逐渐空虚，而岳父去世以后，安陆地方上的某些豪强对许家祖传的一点家产还生出了不轨之心，所以李白的家里就逐渐危机四伏了。

以往，只因许夫人怕李白心碎才没有把事实真相说出来；这一次，李白去太原，一去就是一年，许夫人拖着一个 8 岁的女儿在桃花岩艰难地生活，感到自己实在无力继续支撑下去，想来想去，她认为必须换一个环境，以待好运。许夫人贱卖了白兆山的田产，退耕到了春陵（今湖北省枣阳市）东，在那里的荒郊野岭安了一个简陋的家，过起了清苦的日子。

一年来，李白并不知道家里发生的这些变故，他从襄阳返回安陆时才听到这意想不到的坏消息。

在李白的人生信条中，安社稷、济苍生这一条宏伟志愿占有相当重的分量，但是，这些年来他不过是剃头挑子一头热。他倾心竭力地想追随大唐天子、宦海百官，其结果，根本没有人要他去安社稷、济苍生。与此相反，他家里的那两个弱女子需要经常得到他的安抚，他却总是舍了她们去追求更广大的“安”和“济”。

家境到了这一步田地，李白才如梦初醒。他忧心如焚，马不停蹄地奔春陵而去，好不容易在春陵东找到了孤苦伶仃的妻子和女儿。

她们住在用茅草、芦苇和泥土搭盖的棚舍里，家徒四壁。幸亏有丹砂和许夫人的一个侍女相随，在周围的荒坡上开了一些薄田，种了一点杂粮，这母女俩才平安无恙。

饱经霜雪之后的骨肉团圆，使李白悲喜交集。眼看着生活凄凉，孤苦伶仃的妻子和女儿，李白心痛不已。残酷的生活现实使他胜读了 10 年诗书。他对着苍天长叹，呵，苍天，我的妻子和女儿不也是苍生中的一员么，那些身着锦袍，坐着驷马高车的达人贤俊，还有那至高无上的圣皇天子，为什么不能给她们也带来幸福呢？难道这世上的妻子和女儿，惟有靠丈夫和父亲才能够得到安宁！

八　徘徊襄阳诀别爱妻

春陵和安陆，分别属于山南东道和淮南道管辖，李白家退耕春陵东以后，他就结束了“酒隐安陆，蹉跎年”的生活。

家搬出了安陆，迁入襄州境内，李白的视线就转向了山南东道的首府襄阳。

春陵东距襄阳100多里，这比从安陆到襄阳近了一多半路程。

为解决家里退耕春陵东以后极需钱粮的燃眉之急，李白不得不匆忙投靠襄阳县尉，即与自己同姓的少府李皓。

面对濒于彻底破产的局势，几乎是一筹莫展的李白再也顾不得脸面。他写了一首题为《赠从兄襄阳少府皓》的诗歌，以诗代信，向李皓发出了希望给予经济援助的恳求。诗中写道：

结发未识事，所交尽豪雄。
却秦不受赏，击晋宁为功。
小节岂足言，退耕春陵东。
归来无产业，生事如转蓬。
一朝乌裘敝，百镒黄金空。
弹剑徒激昂，出门悲路穷。
吾兄青云士，然诺闻诸公。
所以陈片言，片言贵情通。
棣华倘不接，甘与秋草同。

这首诗里的“归来无产业”、“出门悲路穷”，反映了李白在“退耕春陵东”以后的窘况。他以“片言”向李皓坦陈这种穷极潦倒的困境，无疑是想得到李皓的慷慨捐赠。

《赠从兄襄阳少府皓》的最后一联是全诗的核心部分，这一联写得十分含蓄。李白在这一联想说的是，山樱桃棠棣开花以后，它的花萼绽放，由此一别永相望，我与你是同姓的从兄弟，你我总不能像这棠棣之花的花萼那样不相接续吧？倘若在我山穷水尽，一筹莫展的时候，连你这位同姓的从兄都不肯给予一点接济，那我还能指望得到谁的帮助呢？我只好心甘情愿地像秋草一样，接受那枯槁的厄运。

在诗歌《赠从兄襄阳少府皓》之后，李白还给少府马巨写了一首题为《忆襄阳旧游赠马少府巨》的诗。其诗有云：

昔为大堤客，曾上山公楼。
开窗碧嶂满，拂镜沧江流。
高冠佩雄剑，长揖韩荆州。
此地别夫子，今来思旧游。
朱颜君未老，白发我先秋。
壮志恐蹉跎，功名若云浮。
归心结远梦，落日悬春愁。

这首诗不像赠李皓的诗那样有明确的目的。诗的前三联写的是李白在襄阳“高冠佩雄剑，长揖韩荆州”时略显雄风的往事。诗的五、六两联是写他经过命运的急骤转变，从开元二十二年拜见韩荆州到开元二十四年春重访襄阳，两年来判若两人的变化。这两年里马少府朱颜未改，可是一叶知秋，李白不仅壮志未酬，而且“功名若浮云”，“白发我先秋”，在36岁的时候就显现了早衰的痕迹。

诗的第七联是李白的慨叹。其意是说，他在太原思归的时候，还做着回家可以洋洋自得的美梦，但没有想到回来后竟是这般的凄凉，以至于襄阳黄昏美好的春晖也无法激起他的诗情画意，不仅如此，在这时的李白眼里，日暮前的落日仿佛还挂着他的春愁。

从上述慨叹的性质来看，不像李白写给李皓的诗那样，是出于寻求经济援助的动机。从这首诗的第四联“此地别夫子，今来思旧游”可以看出，在经济援助之外，李白还需要友情，还需要人们正视他的才识宿志，并给予他公正的待遇。

李皓看了李白苦不堪言的信，给了他一些资助，除此之外，李皓和马巨还替李白在襄阳找了一些帮闲的差事，以便他能继续留在襄阳，混一混前程。

这一年的夏天，元丹丘派人给李白送来一封信。信上说有个叫岑勋的相门后裔、南阳公子找李白找到了颍阳。元丹丘在信的末尾再三叮嘱李白务必尽快前去赴会。

南阳在山南东道治内，岑勋早就知道李白的诗名。不仅李白的诗文才艺使他十分羡慕，而且李白怀才不遇，却仍然坚持不懈地上下求索的进取精神也对他富有感召力，因此，岑勋很想与李白结识。

可是当岑勋到安州去找李白的时候，正好李白北上太原，断绝了音讯。不过，李白的知交元丹丘在南阳也是个很有名气的青云之士，找不到李白，去问一问元丹丘，或许能了解李白的去向。于是，岑勋“不以千里遥”，为找李白而寻访到了元丹丘的山居。

李白看完了元丹丘的信，心里真有几分激动。他的才识志趣一直得不到朝廷的认可，无意之中却有了信徒。这对于正处在逆境之中的李白而言，无疑是一个极大的安慰。即使是手头拮据，他也要去见一见这位岑勋。

在元丹丘的颍阳山居，岑勋与李白初次会面，但由于他对李白神交已久，两人一见面就一见如故，十分亲热。

这三位朋友一同登上元丹丘山居背后的马岭骋目。遥望黄河，蜿蜒东来；白日过后，山上山下、树丛岩间，晚烟萦绕。

当暮色笼罩之时，他们回到了山居。在月色之下，元丹丘叫侍童把酒肴摆在院中，他们一边开怀畅饮，一边高谈阔论。

李白谈到他的太原之行时，愉快地称赞了边塞风光；谈到他的长安之行，则愤愤不平地说了一些牢骚话。当两位朋友问起李白的近况时，李白不愿意让初次见面的岑勋看到他心目中偶像的凄然境况，用了一句“一言难尽”的话敷衍过去。

随后，李白把话岔开，说了一声“岑夫子、丹丘生，进酒君莫停”。接着，他拿起酒壶，一面给两位朋友斟酒，一面自斟。元丹丘怕他喝醉了，开玩笑地说：“我可没有钱买酒了。”李白说：“那就把马和皮袍拿去换酒吧！”当李白喝到七分醉时，忽然叫道：“快拿笔来，有诗了！”元丹丘在席上摆好纸笔，李白一边吟咏，一边劲书。在这风清月朗的快意良夜，李白趁着酒兴，思若泉涌，一挥而就写了一首旷达、豪迈的《将进酒》。全诗如下：

君不见黄河之水天上来，奔流到海不复回。
君不见高堂明镜悲白发，朝如青丝暮成雪。
人生得意须尽欢，莫使金樽空对月。
天生我才必有用，千金散尽还复来。
烹羊宰牛且为乐，会须一饮三百杯。
岑夫子，丹丘生，进酒君莫停。
与君歌一曲，请君为我倾耳听。
钟鼓馔玉不足贵，但愿长醉不用醒。

古来圣贤皆寂寞，惟有饮者留其名。
陈王昔时宴平乐，斗酒十千恣欢谑。
主人何为言少钱，径须沽取对君酌。
五花马，千金裘，呼儿将出换美酒，与尔同销万古愁。

那一夜过后，李白还写了一首《酬岑勋见寻，就元丹丘对酒相待，以诗见招》。诗里记述了他会见岑勋的前后经过。其诗如下：

黄鹤东南来，寄书写心曲。
倚松开其缄，忆我肠断续。
不以千里遥，命驾来相招。
中逢元丹丘，登岭宴碧霄。
……
忆君我远来，我欢方速至。
……
相知两相得，一顾轻千金。

在这次颍阳会见结束以后，李白辞别元丹丘和岑勋，回到襄阳重新混起了他的前程。

李白在岑勋面前，出于自尊心的缘故，没有露出自己的穷相，可是到了襄阳，由于囊中羞涩，即使只有百里路程，他也不能常回春陵东去探家。为了多攒几个钱拿回去养家糊口，他在秋风萧瑟的时候只好以诗与妻子在字里行间相会。《寄远》诗十二首之其七就是他这时的作品。诗中写道：

妾在春陵东，君居汉江岛。
百里望花光，往来成白道。

一为云雨别，此地生秋草。
秋草秋蛾飞，相思愁落晖。
何由一相见，灭烛解罗衣。

开元二十五年（737 年）初春，从春陵东传来消息，说许夫人在新年过后生了一个男孩。

富人家有富人家的喜事，他们有的是金银珠帛，住的是豪宅大院、朱门绣户；乐的是钟鼓琴瑟、笙歌妙舞；食的是山珍野味、琼浆馔玉。李白自从家里退耕春陵东以来，几乎尝不到这种有钱人的甜头。然而，穷人也有自己的快乐。当李白听说儿子出世的消息时，这个百无聊赖的西蜀落魄公子，这个“一朝乌裘敝，百镒黄金空”的穷汉，终于露出了幸福的笑容。他沉寂已久的心灵顿时又迸发出了希望的火花。有了儿子不仅仅是香火有了传人，而且儿子还是他千辛万苦、奋斗不息的一个凭借。倘若说自己此生真的实现不了“奋其智能，愿为辅弼，使寰区大定，海县清一”的理想，难道说自己的后代也没有这种可能、没有这种希望么？想到这些，李白觉得浑身是劲，即使是身无分文，就是徒步也要赶回春陵东去。

李白的女儿和儿子前后相隔 9 个年头出世，足月计算相差 8 岁。

李白给儿子取了一个伯禽的名字。这时的明月奴快 9 岁了，总不能老是叫她的小名，李白给女儿另取了一个名字叫平阳。

伯禽出世的时候，许夫人身体很虚弱，李白守在许夫人和伯禽身边，协助侍女和丹砂照顾这母子俩平安过了满月，又过完整个春季。看样子许夫人的气色已略显好转，李白又与妻子谈起了往后怎样过日子的事。

李白对妻子说，这十几年来，他走的是一条学文求仕之路，文人相轻，很难有出头之日。根据他近两年所结交的太原尹、襄阳少府李皓和马少府巨的情况来看，武官出身的人比起那些城府太深、诡谲多端、难以侍奉的文臣来，性格或许耿直一些，而且武艺与文技相比，形象直观，容易被人识别。他幼年在西蜀就有一定的剑术基础，倘若能得到名师的指点，加以精练，说不定会闯出一条从武为官的路。

许夫人听了丈夫的这番话，觉得很有道理。她认为，既然几年前朝廷就下了“凡四方德行、才能、文学之士，下至军谋将略，绝艺奇技，莫不兼取”的诏令，把军谋将略和文学之士并列为国家需要的人才，那么在习文没有出路的情况下，就应当支持丈夫去习武。

不过，许夫人还有一些顾虑，她担心武术界未必就是那般的净化，纯正的武功精要说不定也会被留下几手，并不是都能轻易传人。

李白笑了一笑对妻子说，听襄阳尉李皓和少府马巨介绍，河南道兖州（今山东省兖州市）的裴旻将军剑术精湛，且性格豪爽，如果是真心向他求教，也许他不会保守功诀。

议事完了，李白给裴将军写了一封拜师信。由于仰慕心切，没隔多久，他又接连写了两封。大约过了一个月，他等不及裴将军的回信，就在这年的5月初开始了东鲁之行。

后来，裴将军的曾侄孙、前守秘书省校书郎裴敬在《翰林学士李公墓碑》的碑铭中做过关于这一情节的记叙：

> 裴将军，予曾叔祖也，（白）尝投书曰：“如白愿出将军门下。”其文高，其气雄，世稀其本，惧失其传，故序传之。太和初，文宗皇帝命翰林学士为三绝赞，公（白）之诗歌，与（裴）将军剑舞，洎张旭长史草书，为三绝。

这一段话既揭示了李白“愿出将军门下”的学剑心愿，又证实了鲁人裴旻的确是一个名高天下的剑师。

李白初入东鲁时所寓居的河南道兖州任城县（今山东省济宁市），东临泗水，西靠鲁运河。它不仅交通方便、土肥水美，是鲁中的一块物产宝地，而且还因与兖州曲阜县毗邻，受过孔子儒学的影响，所以还是一个东鲁人文荟萃的地方。

李白的剑术老师裴旻将军的家就在兖州任城。

裴将军因爱李白“其文高、其气雄”，收下了这个徒弟。然而，拳不离手、曲不离口，像李白这样一个已经37岁，且早生华发的文人，想学成所向披靡的高超剑术，谈何容易。

初到东鲁的李白不仅没有交上“剑缘”，而且没有交上“人缘”。欲究其原因，还需回顾一下历史。

东周后半叶，孔子生在鲁国陬邑（今山东省曲阜市东南）。

孔子创立的儒学，实质上是以礼、乐、仁、义来约束、规范社会行为的中庸哲学。从表面上看，孔子创导的“百姓足，君孰与不足；百姓不足，君孰与足”；“民以君为心，君以民为体”；“聚财则民散、财散则民聚”等一类劝人和解、友善，似是而非的理论，“中立而不倚”，兼顾了尊贵者和卑贱者的利益，但是事实上有钱有势的尊贵者并不完全履行自己的责任，而卑贱者总负有过度的义务，所以秦、汉时期的封建统治者都看中了这一学说息事宁人的有利方面，给予了它显学独尊的地位。

从西晋到隋代经历了近300年的战乱。这期间南朝偏安于江南，逐渐形成了追求享乐的生活方式和讲究声律、色彩的南朝文学。到了唐代，这一趋势更为明显，朝廷凭文才秀美取士，上流社会以生活奢靡为荣已成为一种社会时尚。李白入东鲁前在长安、洛阳、荆州、扬州和金陵受过这种影响，到了东鲁，他自然不会习惯偏于山东一隅的儒学气氛，反之，当地的一些儒生则看不惯李白豪放不羁的性格。两种意识形态常常发生一些摩擦。

《嘲鲁儒》一诗是李白初到东鲁时的作品，他以批判的眼光对鲁地儒生的眼界狭窄、行动迂阔、死背章句、不通时事进行了嘲讽。其诗有云：

鲁叟谈五经，白发死章句。
问以经济策，茫如坠烟雾。
足著远游履，首戴方山巾。
缓步从直道，未行先起尘。
秦家丞相府，不重褒衣人。

由于历史背景的差异，李白对先于唐代1200多年的儒家学说没有完全认同。除此而外，他对东鲁的剑术、仙术、风光，以及淳朴的民风并不抱偏见。

东鲁门是兖州城的东门，东门外的尼山、泗水景色优美。李白月下泛舟之后写了两首赞美东鲁风光的诗，起名为《东鲁门泛舟》。诗之其一写道：

日落沙明天倒开，波摇石动水萦回。
轻舟泛月寻溪转，疑是山阴雪后来。

诗之其二有云：

水作青龙盘石堤，桃花夹岸鲁门西。
若教月下乘舟去，何啻风流到剡溪。

任城以北的汶上，是大汶河以南的汶阳川上的一个小镇。这个小镇的西边有一条小河，小河之上，风帆徐行；小河边的蒲草丛中，钓竿隐出。这里是李白经常出游的地方。有一次，李白在经过汶上的时候向一位老翁问路，由于双方在谈吐、装束上有传统与非传统的差异，两种意识形态产生了一点小摩擦。为了消除人们对他的误解，李白写了一首《五月东鲁行答汶上翁》。其诗有云：

五月梅始黄，蚕凋桑柘空。
鲁人重织作，机杼鸣帘栊。
顾余不及仕，学剑来山东。
举鞭访前途，获笑汶上翁。
下愚忽壮士，未足论穷通。
我以一箭书，能取聊城功。
终然不受赏，羞与时人同。

这首诗的一、二两联自成一体。它反映了在5月梅子熟、茧成蛾的黄金时节，“鲁人重织作”的劳动景象。

这首诗的第三联，指明了李白由于“不及仕”想从武，所以“学剑来山东”的原委。

诗的四、五两联说的是他与汶上翁之间的一场误会，李白在“举鞭访前途”时，被当成狂人而“获笑汶上翁”；汶上翁在摆弄老经验时，则被李白看成村夫俗子，被说成不堪与之“论穷通”的“下愚”。

诗的六、七两联是李白对他为什么轻文重武来东鲁的进一步解释。在第六联中，他用鲁连修书使闭守山东聊城的燕军将士不攻自毙的故事，比喻了他自己的聪明才智；在第七联中，他先用“终然不受赏”的经历诉说了他的委屈，然后，他说出了因为“羞与时人”一样碌碌无为，所以到山东学剑另辟入仕之途的理由。

《鲁东门观刈蒲》一诗是李白在初入东鲁时所写的一篇专门反映山东民间劳动和生活的作品。全诗如下：

鲁国寒事早，初霜刈渚蒲。
挥镰若转月，拂水生连珠。
此草最可珍，何必贵龙须。
织作玉床席，欣承清夜娱。
罗衣能再拂，不畏素尘芜。

这首诗里的“初霜刈渚蒲”、“织作玉床席”，与《五月东鲁行答汶上翁》里的“鲁人重织作，机杼鸣帘栊”，都是东鲁勤劳、淳朴的民风写照。李白在细心观察之后，把这种劳动生活场面搬上了诗歌艺术的舞台，这既是他对山东古朴民风的一种肯定，也是他安社稷，济苍生，“达则兼济天下”的大众意识的反映。

李白在任城住了一年。如其说他在这一年学到了山东的剑术，宁可说他主要是体验了山东的生活。

开元二十六年（738 年）初夏，李白因惦念家中的妻子、儿女，从任城返回了舂陵东。

儿子伯禽已经一岁，他吃几口搁了山东小枣煮的小米稀粥，看一眼李白能笑一笑；女儿平阳快满 10 岁，她在外能拾拾麦穗、放放鹅鸭，在内能帮助妈妈做点家务。虽然谈不上有五谷丰登，但是在李白回来以后，按说这个四口之家也算得上人丁兴旺。哪知道命运之神跟李白总有点过不去，自从伯禽出世以来，许夫人就一直没有恢复元气。她身体瘦弱，经常出些三病两痛。

对于一个出身相门，过惯了舒服日子；出嫁以后，丈夫经常在外的经济拮据的乡村妇女来说，在体力不支的时候还拖着两个孩子，肩上的担子确实重了一些。可是如果有人说她不该嫁给一个穷诗人，那她是不会同意的。即使在生命之树行将枯萎之际，她仍然坚信自己的丈夫会有荣归乡里的那一天，但并不是这一次她的丈夫能衣锦还乡。

李白这一次回家，除了山东的小枣、杏干和海咸鱼之外，像往常一样，他还给妻子带回了他出门在外写的诗歌——燃烧在妻子心头的一团永不熄灭的火焰。

妻子憔悴的面容，又一次在李白心头激起了酸痛和内疚。他觉得自己这些年来不光是文不能及仕、武不能镇边，就连家也没有顾上，真是对不起妻子；他想给操劳成疾的妻子请医生，却又拿不出钱来。因此，他只好守在家里多尽一些丈夫和父亲的责任。

虽然眼看着许夫人即将香消玉殒，李白仍然不离不弃地陪伴在她身边，整整一年没有离开过春陵东。许夫人见丈夫回来不提外出的事，心里踏实，自我感觉好了许多。

开元二十七年（739 年）夏末，李白听说开元进士、校书郎王昌龄要游览洞庭湖，顿时又动了出游之心。

一年来，李白为了照顾妻子，把自己追求功名的事情搁到了一边。可是，要想根本改变这个家庭的命运，单靠这种厮守并不能解决问题。在封建时代，一个富家子弟、翰墨文人，既没有务工务农的体能和技能，又没有经商卖艺的经验，如果不走仕进之路，在艰难的生活环境面前就显得十分软弱无能。

唐玄宗开元时期，天下安宁，经济繁荣，士大夫生活都很富裕。当时只要有人写出佳篇名句，很快就会传诵人口、流播远近。有些诗人的作品还被采入乐章，名登朝廷，受到天子的嘉奖，获得仕进的厚遇。既然作诗是获名获利的捷径，为拯救濒危的家境，李白还应该重操旧业。

李白主要是一个诗人，而诗人的灵感来自生活。因此，他必须经常到大自然、大社会中去，在那里寻找诗的源泉、采集诗的素材、提炼诗的秀句、制作诗的佳篇。

王昌龄的诗在唐代也很有名。他所写的绝句语言圆润蕴蓄，很招人喜爱。李白觉得，美人名士相得益彰，如果趁王昌龄游洞庭之际前去兴会，必定能助长佳致，多出杰作。

在前往洞庭湖的途中，李白在江夏遇见了继苏颋之后曾出任益州长史之职，但因过失被放逐朱鸢，当时正路过江夏的宋之悌。心境本来不佳的李白与谪迁伤感中的宋之悌一攀谈，两人竟从对方的不幸遭遇中找到了自我安慰的理由，因此，他们从此建立起了友谊。

告别的时候，李白写了一首《江夏别宋之悌》赠给这位即将默然远行的友人。诗中写道：

楚水清若空，遥将碧海通。
人分千里外，兴在一杯中。
谷鸟吟晴日，江猿啸晚风。
平生不下泪，于此泣无穷。

告别了宋之悌以后，李白去了巴陵。由于有家事之忧，李白这一次的洞庭游时间短暂。在他返家之前，王昌龄写了一首《巴陵别李十二》相赠。后来王昌龄因一些生活小节问题，从江宁丞谪贬为黔中道辰州（治所在今湖南省辰溪县）龙标县尉，得知此事后，李白曾写过一首名为《闻王昌龄左迁龙标，遥有此寄》的诗相赠。

其诗有云：

杨花落尽子规啼，闻道龙标过五溪。
我寄愁心与明月，随风直到夜郎西。

李白从洞庭湖回到春陵东的家中时，已是秋季。

霜降天冷，秋风萧萧，许夫人的身体显得更加单薄，她的病加重了。这时李白有一种预感，一场新的打击已为期不远。

在这困难的时刻，李白还听到了从安陆和襄阳传来的一些说他生性挥霍、不顾妻小的谗言，这使得他更加焦头烂额、雪上加霜。

内外交困的重压使李白感到有点喘不过气来，他非常想大喊一声“天啦，这是多么不公平！”可是他并没有喊出声来。不要说在这春陵东的荒郊野冈没有人去听他的辩解，就是在安陆、襄阳和长安，当权的李长史、裴长史、韩荆州乃至大唐的臣僚、天子，也不曾有人支持过他济世经国、为人处世的观点。在这种情况下，李白只好拿起笔，把内心的呼喊融入墨汁、凝结纸上，以舒缓受到压抑的身心。

《鞠歌行》是李白这时的作品。其诗有云：

玉不自言如桃李，鱼目笑之卞和耻。
楚国青蝇何太多，连城白璧遭谗毁。

这段诗说的是荆人卞和所经历的一场悲剧故事。他在楚山中拾到一块玉璞，并把它献给楚厉王，但被视为石头，受到了刖掉左足的酷刑。后来厉王的儿子武王继位，卞和又去献玉璞，结果遭遇同样的命运，被刖掉了右足。直至到了武王的儿子文王继位，卞和第三次献璞才得到昭雪。

虽然这个卞和献玉蒙冤的“和氏璧”故事为李白的怀才不遇提供了“良宝终见弃”的另一有力例证，从而加强了他谴责唐代朝风不正的语言分量，但是卞和的奇冤已经昭雪与李白的委屈尚在腹中，毕竟不是同一性质的事。由于从玉璞中凿出的玉璧被楚文王授予了“和氏之璧”的美名，所以卞和得到了一点安慰，而李白此时却只有满腔的愤懑。

李白想不出摆脱困境的好办法，只有把希望寄托在换一换环境上面。于是，他在《鞠歌行》一诗的最后写下了这样的话：

奈何今之人，双目送飞鸿。

从此，李白下定了离开襄州的决心。

开元二十八年（740 年）早春，许夫人病危。李白在妻子床边对她说了发自肺腑的话。随后，他将这番话编织成了一首惜别妻子的《会别离》。诗中写道：

结发生别离，相思复相保。
如何日已远，五变亭中草。
渺渺天海途，悠悠汉江岛。
但恐不出门，出门无远道。
道远行既难，家贫衣复单。
严风吹雨雪，晨起鼻何酸。
人生各有志，岂不怀所安。
分明天上日，生死誓同欢。

李白这首惜别诗的第一联，说的是他之所以婚后经常与妻子天各一方，忍受相思之苦，是因为只有通过夫妻双方的相互理解、相互支持、共同奋斗，才能让全家最终过上好日子。

这首诗的二至六联，说的是自李白从太原回家到现在，5 年过去，生活每况愈下的情形。即使是他为了节省开支而改变一贯的生活方式，常守家中不出远门，也摆脱不了“家贫衣复单”、“晨起鼻何酸”的艰难。

尽管如此，李白和妻子都无怨言，原因正如李白在这首诗的第七联“人生各有志，岂不怀所安”中所说的那样，世上的人种种色色，人各有志。一个自食其力、安居乐业的普通家庭，在道义上胜过了不劳而获的家财万贯。

《会别离》的最后一联“分明天上日，生死誓同欢”，表明了李白已意识到身心交瘁的妻子即将撒手人寰。就在这兰摧玉折、生死永诀的前一刻，李白无限深情地告慰妻子，无论是在天上还是在人间，无论是生还是死，他都要与妻子同悲欢。这一联诗的声律和蕴意，很像“在天愿作比翼鸟，在地愿为连理枝”那种冰清玉洁、如歌似泣般的流水行板，充分体现了李白对妻子生死不渝、情深似海的爱。

一个已到不惑之年的男子还能对垂危的妻子保持如初的爱，这正是中华传统文化比短暂的情欲张扬的宣泄文化高尚的地方。

九　移家东鲁

李白在襄州办完许夫人的丧事以后，没过多久就带着平阳、伯禽，还有书童丹砂和许夫人的一个侍女迁到了兖州任城。

出蜀 10 多年的坎坷经历在李白心头留下的伤痕，使他在没有根基、缺乏知己的新环境下略显拘束。他在东鲁的社交生活重心偏向了民间。

诗歌《寻鲁城北范居士，失道落苍耳中，见范置酒摘苍耳作》，是他用质朴、真实的素材创作的一篇反映友情和东鲁农村淳朴风情的佳作。诗中写道：

雁度秋色远，日静无云时。
客心不自得，浩漫将何之？
忽忆范野人，闲园养幽姿。
茫然起逸兴，但恐行来迟。
城壕失往路，马首迷荒陂。
不惜翠云裘，遂为苍耳欺。
入门且一笑，把臂君为谁。
酒客爱秋蔬，山盘荐霜梨。
他筵不下筋，此席忘朝饥。
酸枣垂北郭，寒瓜蔓东篱。

还倾四五酌，自咏猛虎词。
近作十日欢，远为千载期。

这首诗的前两联写李白外出访友的原因。秋气宜人、万物休肃。李白在情趣淡索，心闲寂寞，不知道怎样打发浩漫的秋日之时，忽然“忆”起了“范居士”。

既然是“忆”起这位在城北僻野闲园隐居的青云之士“范野人”，那么他与这位朋友就不是初交；从“城壕失往路，马首迷荒陂”的情节来看，这位朋友的家他并不是常去，只是在秋日的茫然中，他才偶尔想起了城北不远处的这位诗朋酒侣，才产生出前往寻访的逸兴。就为着“入门且一笑，把臂君为谁”的欢朋快意，他即使在迷路的时候走入野草丛生、蔓萝乱舞的荒坡，让苍耳挂刺着身上的裘袍也不觉痛惜。

这首诗第八联中的“酒客爱秋蔬，山盘荐霜梨”和第十联中的“酸枣垂北郭，寒瓜蔓东篱”，是典型的秋后东鲁农家生活写照。

秋天是收获的季节，古人把丰年叫作“有秋”。

李白从小在青莲乡就曾感受过杀猪宰鹅、打场归仓、酿酒会宴、合家欢乐、人寿年丰的秋收喜悦，成家以后，他通过白兆山的田园生活更增进了对秋收的认识。正因为他对乡间生活有深刻的理解，所以他仅用这首诗的第八、第十两联，就将范居士秋收所得的秋蔬、霜梨、酸枣、寒瓜和盘托出，从而使今天的人们通过这样的诗句，也能真实地体会到1200多年前山东乡间碗内盘中、房前院内的秋日气氛。这再一次显示出汉语言的浑厚底蕴和李白驾驭汉语的超凡能力。

自从许夫人去世以后，李白一直郁郁寡欢。为了解除这种孤苦，他经常以访朋、饮酒为乐。

在李白心情郁闷的时候，他经常到任城周围去走一走。

有一次，李白在任城北面的中都小县的一家酒店里喝醉了酒，第二天他写了一首《鲁中都东楼醉起作》。其诗有云：

昨日东楼醉，还应倒接䍦。
阿谁扶上马？不省下楼时。

这首诗口语般的句式，将李白十足的醉态勾画得栩栩如生，以至于今天的人们读起这首诗来，仿佛还能闻到他鼻中的那股酒气。这种强烈的质感和奔放的激情，是李白的诗歌所独有的；他的诗歌的这种属性，与他独特的经历和个性密不可分。

《客中作》一诗写的是他在兰陵县（今山东省枣庄市）的朋友那里饮酒以后，忘记忧愁的情景。其诗有云：

兰陵美酒郁金香，玉椀盛来琥珀光。
但使主人能醉客，不知何处是他乡。

这首诗没有指明他做客时的东道主，不像是在有地位的官宦之家做客后的作品；由于饮酒用的是一种“玉碗”，所以也不大可能是与“汶上翁”那样的农夫对饮以后的偶感。它反映的是李白与不愁吃穿的东鲁青云之士们交往的一个掠影。

从这首诗的最后一句“不知何处是他乡”来判断，李白在迁居东鲁以后的很长一段时间内，还时常产生身处异乡的生疏之感，只有当他成了醉客时，他才在酒的麻醉作用下忘记自己在他乡。比起他在安陆白兆山与许夫人共同度过的那段美好时光来，李白的东鲁生活多少带有一点迫不得已的成分。

李白的东鲁隐居地位于兖州东北的徂徕山。在那里，他结识了孔巢父、韩准、裴政、张叔明、陶沔等人。有时候，李白与这些“青云人”在绿荫掩映的山间小径上漫步，有时候，他与这些文人墨客在静宓清幽的竹溪弄月。困倦时，大家一起在磐石上同衾而卧；干渴时，他们到清凉的寒泉边随手而饮。为了蓄精养锐、培养文心，少则三天五日，多则十天半月，李白就会与他的徂徕山友人聚会于碧树环抱的岩户中置酒畅饮、作诗助兴、谈古论今。时间一长，人们给李白和他的徂徕山朋友取了一个“竹溪六逸”的雅名。

在许夫人带着平阳、丹砂和一个侍女退耕春陵东的时候，丹砂和许夫人的侍女结为了夫妻。李白到任城定居以后，用变卖春陵东的全部所有东拼西凑得到的几个钱在任城置办了一点小产业，连同平阳、伯禽这一儿一女，都交给了丹砂夫妇照应。

跟许夫人在世时李白的交游活动相比，李白到东鲁以后初期的交游时空，范围小得多。其原因在于，他任城的家中还有两个没有母亲的未成年孩子。没娘的孩子当然需要多一份父爱，因此，李白外出以后没隔多久，就会又回兖州任城。

不了解李白的人，会以为他安居东鲁，已无意过问国事，但实际上并非如此，在看似安稳的生活背后，他的内心世界是很不平静的。

在《早秋赠裴十七仲堪》一诗里，李白这样写道：

荆人泣美玉，鲁叟悲匏瓜。
功业若梦里，抚琴发长嗟。

这意思是说，他好比是一块可以拿光彩照人的美玉、一只可以供君王御用的瓠爪，只因为遇上了暴虐无知的楚王和系而不食令其干枯的主人，所以才“功业若梦”，经常抚琴长叹。

如果把“荆人泣美玉”当作李白在安陆、襄州那段经历的结语，那么“鲁叟悲匏瓜”则应看成是他在向人诉说，他到了山东仍然无用武之地的这种无情事实。

对于李白这样一个40岁出头、阅历不浅的人来说，人生未来的变数比起初生牛犊不怕虎的青年时代要小得多。10多年来，他既经历过无数次干谒不及仕的困惑和痛苦，又受到过中年丧妻的沉重打击。他几乎失去了热望，因此，他把很大一部分注意力从频繁的交游和政治攀谒活动转向了道隐求仙之中。

天宝元年（742年）4月，李白登游泰山，写下了《游泰山》诗六首。

在现实生活中失意的人，往往会到他的彼岸世界中去寻求满足。这样看来，访道求仙式的宗教神学，成了李白精神上的鸦片；大量的酒精，则是他肉体上的鸦片。饮酒与学道，两者都有麻醉作用。

《游泰山》六首之其四，记叙的是李白在学道经期间幻想到蓬莱仙山去求长生不老药的情景。其诗有云：

清斋三千日，裂素写道经。
吟诵有所得，众神卫我形。
云行信长风，飒若羽翼生。
攀岩上日观，伏槛窥东溟。
海色动远山，天鸡已先鸣。
银台出倒景，白浪翻长鲸。
安得不死药，高飞向蓬瀛。

这首诗里所说的“清斋三千日”，是他的授道高师给他开的底价，即学好道经，大约要花10年功夫。然而一个有真才实学的热血汉子，怎么能耐受得住这长时间的清心寡欲和不求甚解的折磨呢？

刻板的儒家信条，对山东的民俗、仕风都有影响，穿戴着古老的衣冠，言谈装腔作势的鲁儒、鲁官，在政见上很难认同豪放不羁的李白；访道求仙，除了像饮酒那样具有暂时的麻醉作用之外，对于李白有儿有女的家庭和经世济民的宿愿来说，并没有实质上的帮助。因此，李白非常需要到东鲁以外的地方去走一走，以争取有一些政治上和生活上的转机。

十　人生亮点待诏翰林

天宝元年（742 年）春末，李白回任城带上儿女开始了南游。他的满腹才华无用武之地，只好去过游山游水、乐天近人的田园生活。地属南陵境内的五松山、隐静寺是他常去的地方，李白在此写下了许多诗篇。他在《与南陵常赞府游五松山》一诗中有云：

五松何清幽，胜境美沃州。
萧飒鸣洞壑，终年风雨秋。
响入百泉去，听如三峡流。
剪竹扫天花，且从傲吏游。

江南西道宣州南陵县是他的好友韦冰的辖地，所以李白把子女寄放在那里由丹砂夫妇照看，然后他一人再下江东，重游会稽和剡中。

在越州期间，李白有时候与道士吴筠一起过一段“出世”隐居生活，有时候与酒肆的客官们过一段“入世”享乐生活。

就在这个时候，他与一个会稽女子结合，但不久便离异了。其原因是这个会稽女子是不安于室的。后来她曾向李白的友人搬弄是非，为澄清事实，李白写了一首《雪谗诗赠友人》以自辩，其诗有云：

彼妇人之猖狂，不如鹊之疆疆；

彼妇人之淫昏，不如鹑之奔奔；

坦荡君子，无悦簧言！

吴筠陪李白游了剡中以后，受到唐玄宗的征召进京去了。接下来，在天宝元年（742 年）的秋季，李白也受到了朝廷的征召。

关于李白被征召的原因，说法不一。唐代进士、王屋山人魏颢在《李翰林集序》里说：

（白）与丹丘因持盈法师达，白亦因之入翰林，名动京师。

朝散大夫行尚书职员外郎方直在《李翰林别集序》里说：

（李）翰林在唐天宝中，贺秘监闻于明皇帝，召见金銮殿。

与李白的好友、道士元丹丘交往甚密的持盈法师玉真公主，是唐高宗的孙女、唐玄宗的堂妹；初次见到李白就夸其为“谪仙人”的贺秘监知章，是侍奉在皇帝和皇太子左右的“太子宾客”，李白经他们的推荐而“达”于上，成为翰林的一员，是很有可能的。不过，尚书膳部员外郎刘全白在《唐故翰林学士李君碣记》里还说过这样一段话：

（白）文集亦无定卷，家家有之。代宗登极，广拔淹瘁，时君亦拜拾遗。

从这一段话中的李白文集“家家有之”来看，李白在长期被冷落以后时来运转，否极泰来，受到朝廷的征召，客观地说，不完全是一两个要人的作用，这还与他出蜀 10 多年来广结良缘，大好诗名远近流传的社会效应分不开。

朝廷征召李白的时候，他正在江南漫游。进京之前，他必须去南陵与儿女相别。这一情节可见于《南陵别儿童入京》一诗。其诗有云：

白酒新熟山中归，黄鸡啄黍秋正肥。
呼童烹鸡酌白酒，儿女嘻笑牵人衣。
高歌取醉欲自慰，起舞落日争光辉。
游说万乘苦不早，著鞭跨马涉远道。
会稽愚妇轻买臣，余亦辞家西入秦。
仰天大笑出门去，我辈岂是蓬蒿人？

在心花怒放的李白笔下，“白酒新熟”、“黄鸡啄黍”的秋收喜气，被写得乡情浓郁，充满了泥土气息；无母的孩子见了久别的父亲以后“嘻笑牵衣”的热烈亲情，被写得有血有肉，真切感人；就连他大骂“会稽愚妇”，在得意和轻蔑中“仰天大笑”的神态，也被他神采飞扬的诗歌渲染得如闻其声、如见其人。

李白让丹砂夫妇把平阳和伯禽带回东鲁，他自己则只身去了长安。

天宝元年的秋冬之交，李白第二次进京。

这一次他刚到长安就受到了极高的礼遇。那一天大明宫金銮殿气氛肃穆，玄宗远远看到李白快步潇洒，风度翩翩，心里十分高兴。他竟然忘记了皇帝的尊严走下御座，把李白请到御座边的七宝床上坐下，还端过一碗羹汤，亲手调了几下赏给李白。

后来李阳冰在《草堂集序》中对这一件事做了比较详细的记叙：

天宝中，皇祖下诏，征就金马，降辇步迎，如见绮、皓。以七宝床赐食，御手调羹以饭之，谓曰：“卿是布衣，名为朕知，非素蓄道义，何以及此。”置于金銮殿，出入翰林中，问以国政。

李白第二次进长安，虽然名噪一时，却没有得到任何官衔。实际上，他主要是做了一年多的宫廷诗人。

这年冬天，玄宗带了嫔妃去骊山温泉宫，李白也随从而去。他在赠友人的诗歌《驾去温泉宫后赠杨山人》中写道：

少年落魄楚汉间，风尘萧瑟多苦颜。
自言管葛竟谁许，长吁莫错还闭关。
一朝君王垂拂拭，剖心输丹雪胸臆。
忽蒙白日迴景光，直上青云生羽翼。
幸陪銮辇出鸿都，身骑飞龙天马驹。
王公大人借颜色，金章紫绶来相趋。
当时结交何纷纷，片言道合唯有君。
待吾尽节报明主，然后相携卧白云。

由于皇上的宠幸，李白获得了“幸陪銮辇”、“身骑天马”的荣耀，以至于那些昔日他曾力图攀附的身戴“金章紫绶”的“王公大人”也一反常态，纷纷与他结交。为了感激玄宗的赏识，李白用“剖心”、“输丹”、“雪胸臆”来回“报明主”。无论是有多么知心的朋友邀他去云游，他也要等到“尽”了自己的忠“节”之后，才能一起去“卧白云”。

此时的李白，脑子里昔日抽象、笼统的安社稷、济苍生，功成身退、名垂青史的捐奉国家、报效大众的赤诚之志，在现实面前竟演变成了荣禄为官、光耀门庭的狭隘之心。

李白生活在中国封建社会鼎盛时期的唐代，帝王及其手下的文臣继承了历代封建统治者的衣钵，其愚民宣传的核心就是将帝王说成是天子。

“天”即人不可知的“上帝”，即无所不知、无所不能的“神”。

自周朝以来，习惯势力赋予中国最高统治者“天子”的头衔，表示中国君主的权力来自上天之“神”，是君权神授。从秦始皇开始，中国统治者都会冠之皇帝头衔，但仍然还称天子。皇帝的命令又称圣旨，同样表示君主权力受命于“天”的渊源。

在渔猎采集时期，人类对于体力和反射神经的要求很高，可是到了畜牧农耕时期，转而开始重视管理、守望、互助合作。反映在宗教上，就是从对禽兽草木等有形自然力的崇拜转化成对“天子”、神、君权神授的皇帝等无形人造力的崇拜。在民智未开的时代，上位者意欲统治民众，使用的就是便捷的宗教。具体上，统治者和手下依从者是用君王诞生时的天地异象、天赋异禀、过人智勇等假象来树立民众对统治者崇拜的。这样的概念一经释放，便可以在群众心中形成宗教式的敬畏心态。

然而在古代中国，有不少革新思想家认为，天子只是受命于“天”，即便是人中之王，还是要受“天命”的约束。倘若天子“逆‘天’而行”，暴虐无道，使百姓受苦，人民就有权推翻他。例如儒家的孟子云：“闻诛一夫纣矣，未闻弑君也。”

《木兰辞》有云：

> 归来见天子，天子坐明堂。策勋十二转，赏赐百千强。可汗问所欲？“木兰不用尚书郎，愿借明驼千里足，送儿还故乡。”

由此可见，中国历史上不乏深明大义、不畏暴虐、不谋私利、不图享乐的人物。

李白把效忠皇帝和匡世济民相提并论的做法，具有时代的局限性；他在应诏入宫后得意忘形的骄奢、轻薄、丧志、失态，则反映出他性格中软弱自私的一面。

其实，唐玄宗只是欣赏李白的文采，他希望李白用诗赋来歌颂他的大唐盛世，来点缀他的极乐生活，至于治理政事，文武百官已有定编，早有其主，根本没有李白的份。这一时期李白的差事主要是为皇帝和嫔妃们写一些《宫中行乐词》之类的诗作。

比如这一时期写的《阳春歌》就是描写皇妃赵飞燕无与伦比的魅力和唐皇纵色享乐的极欲生活。其诗有云：

长安白日照春空，绿杨结烟桑袅风。
披香殿前花始红，流芳发色绣户中。
绣户中，相经过。
飞燕皇后轻身舞，紫宫夫人绝世歌。
圣君三万六千日，岁岁年年奈乐何。

天宝二年（743年）暮春的一个月夜，玄宗和杨贵妃一同到长安兴庆宫沉香亭赏花。浅红、通白、姚黄、魏紫，各种名贵的牡丹花姹紫嫣红、争奇斗艳，煞是好看。

为了给皇上、贵妃助兴，当时最负盛名的歌手李龟年率领了一班梨园弟子在一旁侍候。他们抚动丝弦，轻摇檀板，正要放开歌喉，玄宗却挥了挥手说："对妃子、赏名花，焉用旧乐词！"于是李龟年奉了他的诏命去找李白。当玄宗看到匆匆赶来的李白好像带有几分醉意的时候，皱了皱眉头，他怕李白醉酒以后写不好歌词，扫了兴致，心中有些不悦。可是没想到李白领命之后稍加思考，竟然从容不迫、笔翰如流地将三首《清平调》一挥而就。

《清平调》其一有诗云：

云想衣裳花想容，春风拂槛露华浓。
若非群玉山头见，会向瑶台月下逢。

《清平调》其二有诗云：

一枝红艳露凝香，云雨巫山枉断肠。
借问汉宫谁得似，可怜飞燕倚新妆。

《清平调》其三有诗云：

名花倾国两相欢，长得君王带笑看。
解释春风无限恨，沉香亭北倚阑干。

这三首诗的浓墨重彩和花言巧语，重点投到了玄宗至爱的杨贵妃身上。李白把她比作了富贵“凝香”的“红艳”牡丹，春风含恨的倾国花魁，沉鱼落雁、云羞花惭的国色天姿“汉宫”赵妃。众多浓妆艳裹的嫔妃，则被李白比作了“群玉”。这宫廷中的群玉和花魁，总逗得“君王带笑看”。

读了这三首奉承之作，杨贵妃非常高兴。她沉浸在无限的快慰之中，玄宗见状，则万分欣喜。

李龟年根据新词谱上了乐曲；梨园弟子调丝弄竹，为他伴奏。欢快之中，玄宗情不自禁地吹起了玉笛，使这一次的赏花歌会达到了高潮。

李白第一次进京以后，曾在长安见过宦官嚣张的气焰和斗鸡徒霸道的淫威。那时他只是由此去推想唐玄宗纵情声色，宠信宦官，在政治上不像即位初期那样励精图治。他第二次进京以后，经常出入士大夫之中，且接触过不少宫廷生活，所以，他这时就有充分的理由认为，过去的那种推想并不是捕风捉影、毫无根据。

在两次进京期间，李白还听说过不少关于边塞将士戍边卫国的事迹。他把边塞的寒苦、战争的残酷与长安宫廷豪门的奢侈享乐生活一对照，感到那些为了国家的安宁和人民的幸福而舍生忘死、驰骋沙场的英雄男儿实在可亲可敬。因此，他在长安的那段日子里还写过一些边塞诗。

李白在《塞下曲》六首之其一里写道：

五月天山雪，无花只有寒。
笛中闻折柳，春色未曾看。
晓战随金鼓，宵眠抱玉鞍。
愿将腰下剑，直为斩楼兰。

他的《关山月》里有云：

明月出天山，苍茫云海间。
长风几万里，吹度玉门关。
汉下白登道，胡窥青海湾。
由来征战地，不见有人还。
戍客望边色，思归多苦颜。
高楼当此夜，叹息未应闲。

一方面，李白的边塞诗情调哀凉，反映了他爱好和平的善良心地对战争的厌恶；另一方面，李白的边塞诗气贯长虹，总把天山写得大气磅礴、非常壮美，这是因为他的宽阔胸怀和远大抱负与西部辽阔壮丽的山河产生了同响共鸣的缘故。

玄宗的女婿张垍也是个翰林学士。他对李白过人的才华和玄宗给予李白的宠幸十分嫉妒，朝廷中的一些权贵对于李白的迅速获宠则持有戒心。他们以李白傲岸性格造成的不守绳墨的狂放行为作借口，勾结起来散布流言蜚语，从而使玄宗逐渐疏远了李白。最终，李白被皇上“赐金放还”，落了个变相受逐被辱的下场。

世袭的君王，其行为举止不一定比普通百姓高尚，但是李白总不敢把错误决定的责任归咎在皇帝身上。他曾经在《玉壶吟》一诗里这样写道：

君王虽爱蛾眉好，无奈宫中妒杀人。

李白开脱了皇上，只把过错归到了张垍、高力士这一班小人身上。

李白是诗人，不是政治家。他的只有忠君才能报国的思想，带有常人难以超脱的封建色彩。

天宝三年（744 年）春，被玄宗“赐金放还”的李白怀着满腹委屈、一腔悲愤离开了长安。

十一　寓意山川抚慰创伤

虽然李白第二次也是在失意的痛苦中离开长安的，但是与第一次相比，痛苦的分量并不一样。如果把他第一次无官而返说成是因为没有找到接近皇上的机会，那么一个年仅 32 岁的人，以后还有出头之日，因此，不必为此而过分痛苦。可是这一次，40 多岁的李白用剖心、输丹来侍从皇帝，结果却落得被放还山，这就不能不令他痛苦万分了。

李白耳闻目睹的切身经历，使他痛感朝廷的政治腐朽，但是一个理想主义的诗人，根本无力去反皇上。在他的“欲济苍生”、“愿为辅弼”的美好理想遭受致命的打击之后，他只能软弱无力地先对友人吐一吐苦水，然后再一次走向学道求仙的避风港。

《送蔡山人》和《古风》其五诗是李白这时的作品。他在《送蔡山人》一诗里说：

我本不弃世，世人自弃我。

他在《古风》其五里说：

吾将营丹砂，永世与人别。

虽然专心采药炼丹、永远脱离红尘的说法只是李白在走投无路时的无可奈何的对策，但是从第二次离开长安起，他的思想的确是消沉多了。关于此说的一个最好的例证，就是他接受《道箓》，醉心道教的事实。

这年秋天，李白经洛阳到了梁宋（今河南省开封市、商丘市一带）。他先在安陵（今河南省鄢陵县）找盖寰道士把《道箓》写好，然后到齐州（治所在今山东省济南市）请北海高如贵尊师在老子庙正式授予他。这样，李白就成了一个名副其实的道士。

天宝四年（745 年），李白在齐州陪济南太守游鹊山湖，应太守之请写了《陪从祖济南太守泛鹊山湖三首》。

诗之其一有云：

初谓鹊山近，宁知湖水遥。
此行殊访戴，自可缓归桡。

诗之其二有云：

湖阔数十里，湖光摇碧山。
湖西正有月，独送李膺还。

诗之其三有云：

水入北湖去，舟从南浦回。
遥看鹊山转，却似送人来。

李白在路过陈留（今河南省开封市）的时候，与杜甫相遇。从此，中国诗坛的两颗巨星建立了友谊。

这年的春天，李白与杜甫在东鲁会面。他们兴高采烈地“行歌泗水春”，关系更加密切。

到了暮秋，杜甫决定上西京去开辟政治前途。李白在鲁郡东石门为他饯行，并写了一首《鲁郡东石门送杜二甫》相赠。其诗有云：

醉别复几日，登临遍池台。
何时石门路，重有金樽开？
秋波落泗水，海色明徂徕。
飞蓬各自远，且尽手中杯！

杜甫离开兖州以后，李白感到生活有些无聊。“赐金放还”的阴影时常在他的脑际萦回，他不断地寻求着心理平衡的办法。无意之中，他想起了贺知章。官做到了秘书监的高度，尊和贵达到了太子宾客的地位，最终也要告老还乡，“赐金放还”就赐金放还吧，仅仅是“还”得早了一些罢了。想到这里，李白决定到江东走一趟，去探望贺老，并重游越中。

天宝五年（746 年）秋，东鲁的友人为李白饯行。临别前，他写了一首《梦游天姥吟留别》（又名《别东鲁诸公》）。

这首诗的开头，讲述了他的入世、爱世。纯朴的自然美能唤起他对越中胜景的良好印象：

海客谈瀛洲，烟涛微茫信难求。
越人语天姥，云霞明灭或可睹。
天姥连天向天横，势拔五岳掩赤诚。

这首诗的结尾，流露了他的出世、厌世：

世间行乐亦如此，古来万事东流水。
别君去兮何时还？且放白鹿青崖间，须行即骑访名山。

安能摧眉折腰事权贵，使我不得开心颜。

《梦游天姥吟留别》一诗的这一段结束语，反映出李白眼里的世界是一个朝荣暮落、东流水逝般的世界。他经常这样认为，即使是人生最高的物质享乐，也不会长存，如果为了这些东西必须“摧眉折腰事权贵”，倒不如“且放白鹿青崖间，须行即骑访名山”，干脆与大自然为伍，去过逍遥自在的隐居生活更好。

积极的时候，李白会振作精神、高扬安邦治国的旗帜，奋发进取，为他所立意服务的“大众对象”，心甘情愿地去追求奉献社会的千古流芳伟业，即所谓“达则兼济天下”。他要等到“事君之道成，荣亲之义毕，然后与陶朱、留侯，浮五湖，戏沧州”（《代寿山答孟少府移文书》），从而使自己永“开心颜”。消极的时候，他则抛开他的“大众对象”，只打算“穷则独善一身”，为个人而栖身碧林，幻想着像神仙一样地骑着白鹿去遍访名山，以寻求另一种永“开心颜”。

李白是生活在距今1000多年前的人，我们不能用现代先进思想的高度去要求他。且别说在士大夫阶级一心追求高官厚禄的等级森严的封建社会，即使是现代，离开了科学共产主义思想的指引，真正心甘情愿不计个人得失，为国分忧、为民请命的有识之士也寥若晨星。所以可以说，李白的上述积极思想和消极思想时隐时现的矛盾，本质上主要应该归罪于统治阶级言行不一的矛盾。

李白由积极转向消极，由“入世”转向“出世”的舍此求彼的想法是一个事实，这个事实与他胸怀大志却频受挫折；虽阅尽人间春色、费尽才情心机，终不能走上报效于民的仕途有关。因此，这一事实同时还揭露了封建社会“好利而能巧取，文饰而不知惭愧，作恶而能隐蔽”（范文澜《中国通史简编》）的封建统治阶级的政治腐败。

李白到了越中会稽才知道贺知章已去世两年。他离开贺知章的故宅以后，又一次去了天姥山。

清晨，李白在天姥山峰顶东望大海，仿佛看见了翻滚的波涛中有巨鳌出没，蓬莱仙山就在海中；他转而凝目远眺海的尽头，只见一轮红日从祥云飞展、朝霞映衬的天边冉冉升起。就在这高出尘表远离人寰的奇山之巅，他不仅从头到脚，而且连灵魂都得到了净化。他如同置身仙境，思绪格外透明。在这出尘脱俗的清静之中，他想到了凡人，而凡人之中首先被他想到的则是那些想长生不死、成神成仙，曾经辉赫一时的帝王。

《登高丘而望远海》是他这时的作品。其诗有云：

君不见骊山、茂陵尽灰灭，牧羊之子来攀登。
盗贼劫宝玉，精灵竟何能。
穷兵黩武今如此，鼎湖飞龙安可乘。

这段诗说的是一些李白安慰自己的话。虽然秦皇、汉武生前随心所欲、享尽荣华，但是他们都无法让生命之树常青不死，让自己死了以后乘龙登天。显赫一时的帝王，任他们怎样挥霍人民的血汗去修筑坟墓，到头来终不过是荒烟野草下任牧羊人恣意践踏的土丘。

唐玄宗也是一个帝王，是李白“赐金放还”的直接授意者。虽然他也有秦始皇、汉武帝那样的结局，但是李白没有说，而且也不能说。李白想说而没有说的另一层意思是，他自己这时还活着，而且是活在仙境中去看死人或即将死去的人，因此，“赐金放还”带给他的痛苦，这时几乎消失得无影无踪。

李白一心想忘掉长安、忘掉尘世，然而当他走下天姥山，踏上归途的时候，仍然忘不掉他还要活在这个真假人间。

天宝六年（747 年）春，李白从越中来到金陵。

他这一次的金陵之行距他初游金陵已时隔20 多年。在这二十几年里，李白周游了大半个中国，涉世不浅。他到过东都洛阳和西京长安，既见过大唐集权的塔顶至尊，也见过华夏社会的繁华鼎盛；既尝过攻文求武、攀谒求荐的百般艰辛，也见过伤人自尊的长脸、冷脸、世态炎凉。他到金陵来故地重游，是想仔细看一看这失去尊严的“六朝古都”是否也像他一样在叹息，从而可以借此替自己想一想明日之日应该怎样过下去。

风起云涌。李白到金陵以后听到的第一个传闻，就是他的好友北海太守李邕被杀；左相李适之被迫自杀；摄监察御史崔成甫被贬谪。这些都是宰相李林甫的奸计所为。

面对这些接踵而至的冤案，李白已深深感到朝廷腐败政治中的恐怖气氛。他游越中时已被释缓的心情，因此又受到了压抑。

李白从客舍出来，想上大街去舒一口气，不知不觉中来到了白杨十字巷。这条十字巷的两旁种着白杨树，它的北面连着湖沟道。李白走在这条古老的白杨路上，再也见不到吴王时代的繁华景象。这条白杨路边长满青苔野草的断壁残墙和湮没于荒草杂树中的六帝坟丘使他感到十分凄凉。李白与在六帝坟丘边的樵夫谈起了往事，他们一说起这天翻地覆的变化，顿时难过得流下了热泪。回到客舍以后，李白写了一首《金陵白杨十字巷》。其诗有云：

白杨十字巷，北夹湖沟道。
不见吴时人，空生唐年草。
天地有反覆，宫城尽倾倒。
六帝馀古丘，樵苏泣遗老。

人生的理想不等于幻想，但它像幻想那样五光十色、充满诗意。可是现实则不同，它往往冷酷无情。李白这次在金陵的所见所闻使他更有所悟，他已感到自己的明日之日不大可能是做官入仕之日，他的明日之日或许就是求生之日。所以李白在金陵住下以后，就不想很快离开这个遗留着楚吴歌钟和六朝礼乐余韵的地方；他不想抛弃吴姬酒色和江南快意去听那些鲁儒的说教。

《金陵凤凰台置酒》一诗，可以说是他“求生之日”的起点标志。李白在诗中这样写道：

豪士无所用，弹弦醉金罍。
东风吹山花，安可不尽杯？
六帝没幽草，深宫冥绿苔。
置酒勿复道，歌钟但相催。

在这时的李白看来，满腹诗书、远大抱负已毫无用处，只有钟鼓弦歌、美酒酣醉才能催人亢奋。

在《宴郑参卿山池》一诗中，李白写道：

尔恐碧草晚，我畏朱颜移。
愁看杨花飞，置酒正相宜。
歌声送落日，舞影回清池。
今夕不尽杯，留欢更邀谁？

他不仅仅是在金陵凤凰台与江东的公子、豪士一起置酒寻欢，而且还要到金陵城西的孙楚酒楼去饮酒赏月；他不仅仅是与这些朋友在孙楚酒楼上对酒玩月，而且还要与这些人歪戴着乌纱巾、倒披着紫锦袍，坐着游船在秦淮河上通宵达旦地饮酒听歌，然后下长江去访崔侍御。

在寻访崔侍御的途中，李白与他的朋友们乘着醉意轻狂地戏弄着从东海过来的船上的吴姬。第二天，李白在《玩月金陵城西孙楚酒楼，达曙歌吹，日晚乘醉著紫绮裘乌纱巾，与酒客数人棹歌秦淮，往石头访崔四侍御》诗里记述了这一经过。其诗有云：

昨玩西城月，青天垂玉钩。
朝沽金陵酒，歌吹孙楚楼。
忽忆绣衣人，乘船往石头。
草裹乌纱巾，倒披紫绮裘。
……
谑浪棹海客，喧呼傲阳侯。
半道逢吴姬，卷帘出揶揄。
我忆君到此，不知狂与羞。

《金陵听韩侍御吹笛》一诗是反映李白金陵享受生活的另一类作品，与《玩月金陵城西》相比，这首诗在赞美韩侍御余音绕梁的笛声时令人荡气回肠的意境，显然悠远、华美、高雅得多。这大概是他在没喝多少酒时的作品。其诗有云：

韩公吹玉笛，倜傥流英音。
风吹绕钟山，万壑皆龙吟。

这个韩侍御能得到李白如此的夸奖，一方面是出于李白多年干谒生活的习惯，另一方面，则是出于李白留恋过去，对仕宦生活没有完全死心的原因。

在李白的《登金陵凤凰台》一诗的最后两句中，留下了他上述心理活动的更深的痕迹。其诗有云：

总为浮云能蔽日，长安不见使人愁。

虽然李白还在留恋待诏翰林的那一段金色日子，对做官进仕还存有一点侥幸心理，但是他只要一想到李林甫把持朝政，群贤涂炭的局势，就打消了这种念头。于是，他进一步迈入金陵寻欢作乐的生活。

《示金陵子》就是一首描写这种生活的诗。其诗有云：

金陵城东谁家子，窃听琴声碧窗里。
落花一片天上来，随人直渡西江水。
楚歌吴语娇不成，似能未能最有情。
谢公正要东山妓，携手林泉处处行。

从天宝六年（747 年）到天宝九年（750 年），李白以金陵为中心，漫游了会稽、霍山、庐江、寻阳等地。他登山临水、寻仙问道、交朋结友、歌饮为欢，仿佛忘掉了一切忧愁，可是在这个直观的生活层面背后，他还有一个极不平衡的内心世界。

李白非常挂念他的儿女，在诗中经常提到他们。他的朋友杨燕要去东鲁，他写了一首《送杨燕之东鲁》，其诗有云：

我固侯门士，谬登圣主筵。
一辞金华殿，蹭蹬长江边。
二子鲁门东，别来已经年。
因君此中去，不觉泪如泉。

李白是那么旷达的人，为什么他一说到子女就那么伤心呢？应该说这里面有他对孩子们的母亲的怀念。

《寄东鲁二稚子》一诗作于天宝七年（748 年）春，这时他与儿女相别将近三年。其诗有云：

吴地桑叶绿，吴蚕已三眠。
我家寄东鲁，谁种龟阴田。
春事已不及，江行复茫然。
南风吹归心，飞堕酒楼前。
楼东一株桃，枝叶拂青烟。
此树我所种，别来向三年。
桃今与楼齐，我行尚未旋。
娇女字平阳，折花倚桃边。
折花不见我，泪下如流泉。
小儿名伯禽，与姐亦齐肩。
双行桃树下，抚背复谁怜。
念此失次第，肝肠日忧煎。
裂素写远意，因之汶阳川。

紧接这首诗之后，李白还写了一首《送萧三十一之鲁中，兼问稚子伯禽》。其诗有云：

我家寄在沙丘旁，三年不归空断肠。
君行既识伯禽子，应驾小车骑白羊。

这首诗作于天宝八年（749 年）6 月，伯禽当时已经 12 岁。封建时代已经成年的姑娘是不好轻易见客的，所以诗中没有提到 20 岁出头的女儿平阳。

天宝十年（751 年），李白受不了思念儿女的煎熬，从霍山（今安徽省霍山县）启程，取道梁宋回东鲁。他在梁园与宗氏相遇。

宗氏与许夫人一样，也是相门之后。她的祖父宗楚客在武后和中宗时曾经三次拜相。但是宗楚客先因贪赃被放逐岭南，后受宫廷政变的株连而被杀。

李白和宗氏，一个曾经待诏翰林，但不久就被赐金放还，只落得个“空名动京师”；另一个虽然有卿相之家名，结果却因其祖父先被放逐后被诛杀而“失势去西秦”（《自代内赠》）。像这样的两个身世不俗、遭遇相似、同病相怜的人见了面，当然会一拍即合，结为夫妻。

与宗氏结合以后，李白在梁园住了一个多月，然后返回东鲁与儿女团聚。

从开元末期到天宝时期，唐代处在酿乱阶段。唐玄宗这时已做了二十几年皇帝，他看到社会安宁、国库充实，便一心贪图纵欲享乐，懒得亲理政事。李林甫巧言令色，攀龙附凤，对玄宗百依百顺，任其恣意纵欲；玄宗则偏听偏信，用李林甫为相，把政事全委于他执掌。

在李林甫任宰相的 17 年间，他为了巩固相位，妒贤嫉能、姑息养奸，对那些有真知灼见的人加以排斥、杀害；而对于安禄山这种野心勃勃的武将，只因其没有威胁到他的相位，就大加重用，令其身兼平庐（治所在今山东省青州市）、范阳（治所在今北京市）、河东（治所在今山西省太原市）三镇节度使要职。

天宝十年（751 年）秋，安禄山率三镇兵 6 万进攻契丹，结果全军覆没，仅以 20 骑逃归。玄宗没有问其罪，依然十分宠幸他，让他加紧战备、重振旗鼓。

李白在梁园闻知此事，立即决定北上幽燕。一方面，爱国热情驱使他去关心塞垣边情；另一方面，他还抱了一个在边塞军旅一显身手的打算。

这一年的初冬，李白从梁园启程北上。

临行前，梁园的一些朋友为他饯行。为了答谢这些友人，李白写了一首《留别于十一兄逖裴十三游塞垣》。其诗有云：

劝尔一杯酒，拂尔裘上霜。
尔为我楚舞，我为尔楚歌。
且探虎穴向沙漠，鸣鞭走马凌黄河。

河北道洺州（治所在今河北省邯郸市北面）与幽州（治所在今北京市）毗邻，容易受到战事的波及。到了中唐时期，这里已不是一个安宁的地方。幽州军用的兵员、马匹、粮草、辎重，有不少来自洺州的广平和邯郸。

李白到达邯郸以后，在洺州太守李俌的陪伴下登洪波台观看了发兵。

天宝十一年（752 年）10 月李白才到达河北道幽州。他对这里的第一印象是，刀光剑影、军威赫然、将士骁勇、战马强壮，到了幽州仿佛是到了疆场。

幽州蓟县，在长城南面的燕山脚下，它是一个抵御漠北、辽东两路来兵的军事重镇。为了“且探虎穴向沙漠”，获得关于边塞军情的第一手材料，李白在孟冬时节出蓟县北门观军，并写下了一首《出自蓟北门行》。其诗有云：

列卒赤山下，开营紫塞傍。
孟冬风沙紧，旌旗飒凋伤。
画角悲海月，征衣卷天霜。

挥刃斩楼兰，弯弓射贤王。
单于一平荡，种落自奔亡。
收功报天子，行歌归咸阳。

李白在幽州的时候，遇见过一位边军伙夫的妻子。这位女子原本是邯郸城中的王侯后裔，只因幽州频发战事，邯郸市衰，这位名门闺秀才嫁给了为守边将士拾柴做饭的伙夫。由此可见，中唐时期北部塞垣的动荡到了何等剧烈的程度。

李白以这位女子自叙身世的形式写了一首名为《邯郸才人嫁为厮养卒妇》的诗。其诗有云：

妾本丛台女，扬蛾入丹阙。
自倚颜如花，宁知有凋歇。
一辞玉阶下，去若朝云没。
每忆邯郸城，深宫梦秋月。
君王不可见，惆怅至明发。

这首诗用俊雅温和的语言描写了一个淳朴自然、红颜如花的世家女子形象。透过这女子荣辱盛衰的家世和她怀旧时的怅惘，人们不难看出玄宗后期腐败朝政导致的国势衰落。

《古风》诗之其二十七有云：

燕赵有秀色，绮楼青云端。
眉目艳皎月，一笑倾城欢。
常恐碧草晚，坐泣秋风寒。
纤手怨玉琴，清晨起长叹。
焉得偶君子，共乘双飞鸾。

《行行且游猎篇》是描写幽州边民游猎生活的诗。其诗有云：

边城儿，生年不读一字书，但知游猎夸轻趫。
胡马秋肥宜白草，骑来蹑影何矜骄。
金鞭拂雪挥鸣鞘，半酣呼鹰出远郊。
弓弯满月不虚发，双鸧迸落连飞髇。

自开元二十八年（740年）许夫人去世，到天宝十年（751年）李白与宗氏结合，已过去11年时间。年届五旬的李白婚后不久就离别妻子北上幽燕观军，毕竟会有所思念。他在幽州用其常用的女子口气写了一首表达此时心情的《长相思》诗之其二。其诗有云：

日色欲尽花含烟，月明如素愁不眠。
赵瑟初停凤凰柱，蜀琴欲奏鸳鸯弦。
此曲有意无人传，愿随春风寄燕然，忆君迢迢隔青天。
昔时横波目，今作流泪泉。
不信妾肠断，归来看取明镜前。

幽州是用武的地方，胡骑拿刀箭对话。李白从幽州彪悍的边民身上看到，在这北国边陲，“儒生不及游侠人”。既然幽州出精兵强将，那么一个上了年纪的白发儒生就没有长期待在边塞将军帐下的必要，想到这里，李白就动了归心。

天宝十二年（753年）春，李白回到了梁园。

这年秋天，他接到宣州（治所在今安徽省宣城市）长史李昭的一封邀请信。李昭在信中对宣州的人文历史、自然风光做了大肆渲染。他对李白前去长期寓居帮闲做伴，制作佳章提高郡望怀有极大的热情。

宣州良好的人文自然环境和长史李昭所给予的生活依靠，对于年事渐高的李白来说，是十分宝贵的。因此，宣州成了他打发明日之日的理想之地。

李白随着秋风来到了宣州府所在的宣城。

这里的风光酷似西蜀。城东的宛溪（今安徽省水阳江），使他想起了青莲乡的盘江；城北的敬亭山，使他想起了绵州的匡山；山林中斑斓点点、殷红如血的杜鹃花，则使他想起了西蜀的子规鸟。宣城的景物和太守、长史的热情款待，都让李白感到亲切。他到了宣城，如同回到了阔别已久的西蜀故乡。

初来宣城的几个月中，李白把主要精力放到了登山临水、寻幽访胜上。

宣州府后面的北楼，是南朝时的宣州太守谢朓建的一所幽居，所以也称为“谢朓楼”。谢朓北楼高出城围，登楼赏景居高临下，城郭尽在眼中，山川皆入心目，令人十分惬意。李白一到宣城就去了一趟这座谢朓“高斋”，并写了一首《秋登宣城谢朓北楼》。其诗有云：

江城如画里，山晚望晴空。
两水夹明镜，双桥落彩虹。
人烟寒橘柚，秋色老梧桐。
谁念北楼上，临风怀谢公。

天宝十三年（754 年）春，宣城陵阳山上的杜鹃花盛开，见此情景，李白想起了蜀中的往事。每年二三月，蜀中的子规鸟爱在春暮时鸣，子规鸟鸣时满山遍野的杜鹃花正开。这种铭记于心的深刻印象，让他在异乡一见杜鹃花开就动了故国之思。诗歌《宣城见杜鹃花》就是当时李白怀念西蜀的凭证。其诗有云：

蜀国曾闻子规鸟，宣城还见杜鹃花。
一叫一回肠一断，三春三月忆三巴。

宣城是金陵南面不远的一个中州之邑，经常有一些文人墨客、豪绅官吏因公或因私到那里作短期逗留。一方面，李白从这些人嘴里始终没有听到朝廷重新召他出山的消息，因此心里总不能真正高兴起来；另一方面，从外面到宣城来的人，无论是事业有成，春风得意，还是受了贬谪，情绪低落，都会引起他对过去岁月的联想。

这一年秋天，校书郎李云办完公事以后准备回长安，李白前往谢朓楼为他饯行。数杯过后，李白突然觉得心里一阵烦躁，气到了嘴边，不吐不行。

李白第二次去长安，入翰林院做了一个御用文人，虽然这算不上经世济国的大事业，但结果还干不长久。论才学，李云不比李白高深，却做着校书郎的朝官。想到这些，李白胸中的怨愤就爆发出来，因此他写了一首《宣州谢朓楼饯别校书叔云》。其诗有云：

弃我去者，昨日之日不可留；
乱我心者，今日之日多烦忧。
长风万里送秋雁，对此可以酣高楼。
蓬莱文章建安骨，中间小谢又清发。
俱怀逸兴壮思飞，欲上青天览明月。
抽刀断水水更流，举杯消愁愁更愁。
人生在世不称意，明朝散发弄扁舟。

送走了李云以后，李白的心情一直不好。他经常一个人在城北的敬亭山上独坐。空谷幽兰，旁无一人、四大皆空，滤尽了世间的一切烦恼。在万般清澈静寂的苍穹之下，李白仿佛觉得这世上只有他和这座敬亭小山存在。面对着敬亭山这位唯一的“伴侣”，他脱口而出吟咏了题为《独坐敬亭山》的绝句：

众鸟高飞尽，孤云独去闲。
相看两不厌，只有敬亭山。

李白在《宣州谢朓楼饯别校书叔云》一诗里说的“人生在世不称意，明朝散发弄扁舟”，并不是一句空话。自李云离开宣城以后，李白就把他在宣州各县的漂泊当成了打发明日之日的消愁之举。

宣州秋浦县（今安徽省池州市石台县）有秋浦河，它是长江的一条支流，干流全长仅300里。

秋浦河流域风光秀美，自古就有记载。《大平寰宇记》赞秋浦河道：

澄碧长秋，舟筏游弋，趣味无穷。

秋浦河流域植被茂密，雨量丰盈，所以两岸青山连绵，河水碧波荡漾。春夏绿柳掩映，秋冬枫红松青；山林群禽飞舞、异兽穿行；水中鱼翔浅底、虾蟹翻腾。秋浦河神奇美妙的景色，曾引得不少文人墨客为之倾心。

李白初到秋浦漫游时，曾踏雪经此去石门，上九华。他在石床上饮酒吟诗，在白笥山夜宿岩洞，对月长啸，晨练清嗓。因此，秋浦河是这次李白孤身只影“散发弄扁舟”的首选地。

李白在秋浦的漂泊生活中写了不少诗，著名的有《游秋浦白笥陂二首》和《秋浦歌十七首》。

他在《游秋浦白笥陂二首》之其一中写道：

何处夜行好，月明白笥陂。

山光摇积雪，猿影挂寒枝。
但恐佳景晚，小令归棹移。
人来有清兴，及此有相思。

《游秋浦白笴陂二首》之其二有云：

白笴夜长啸，爽然溪谷寒。
鱼龙动陂水，处处生波澜。
天借一明月，飞来碧云端。
故乡不可见，肠断正西看。

《秋浦歌》其二有诗云：

秋浦猿夜愁，黄山堪白头。
青溪非陇水，翻作断肠流。
欲去不得去，薄游成久游。
何年是归日，雨泪下孤舟。

这首诗是他刚到秋浦时所作。诗的第五句“欲去不得去”，不能简单地看成是他想回长安，却不能像“校书叔云”那样再回长安。从广义上说，这句话是指他被“赐金放还”以后，此生几乎再无入仕机会的冷酷现实。而这种冷酷现实，正是他对他的明日之日深感痛苦的首要原因。

虽然宣州太守和长史李昭给了李白热忱的款待，但却无法改变玄宗所做的“赐金放还”决定。既然向任何人诉说自己的苦衷都无济于事，那还不如去对着天、对着地诉说。

李白独自一人驾着孤舟在秋浦河上游的青溪中游荡，几乎断绝了尘念。他觉得即使浑身被淋得透湿，分不清脸上哪是雨水、哪是泪水，也比抛头露面在世人前故作镇定、强颜欢笑自在得多，何况这明澈见底的清溪比起混浊的渭河；这热情友善的宣州比起兴妖作祟、令人肠断的长安来，毕竟容人得多。就这样，无奈之下李白把他在宣州的“薄游”变成了“久游”。

《秋浦歌》其六有诗云：

愁作秋浦客，强看秋浦花。
山川如剡县，风日似长沙。

《秋浦歌》其十有诗云：

千千石楠树，万万女贞林。
山山白鹭满，涧涧白猿吟。
君莫向秋浦，猿声碎客心。

这两首诗侧重于写景。大致上说，秋浦“如剡县”、“似长沙”，其景色与越中、潇湘相似；具体地说，在秋浦的“山山”、“涧涧”，到处都能见到楠树、女贞树、白鹭和白猿。

由此看来，唐代秋浦县的很多地方还处在尚未开发的原始状态。所以，他一个人置身于这亘古粗犷的河山之间，听到了鸣声幽咽的猿吟，才感到心碎。

李白这种因为“愁作秋浦客，强看秋浦花”，听了猿吟而产生的心碎，是他与人世外的景物接触以后的触景生情所致。

这比起世上说着人话欺世盗名的“正人君子”和赤裸裸横征暴敛的无耻之徒对他造成的伤害来，还是叫他心里好受一些。

在秋浦，李白有倾心山水的避世之意，但他并不一概回避与人的接触。他除了和一些知心好友以及善解人意的官吏有交往之外，还接触过不少能友善待人的平民。

《秋浦歌》其十四有诗云：

炉火照天地，红星乱紫烟。
赧郎明月夜，歌曲动寒川。

《秋浦歌》其十六有诗云：

秋浦田舍翁，采鱼水中宿。
妻子张白鹇，结罝映深竹。

这两首诗的前一首是写工人在月夜边冶炼、边唱歌的劳动场面；后一首是写秋浦农家夫妇在水中撒网捕鱼，在林中张网捕捉白鹇鸟的情景，两首诗都反映了他与人交往的“入世”生活侧面。

除了秋浦县，李白还到过宣州的南陵、青阳和泾县。

李白在泾县桃花潭也没有过与世隔绝的生活。他在村民汪伦的田庄里住了一段时间，汪伦经常“醖美酒以待”。少却鲜活、素却堪饱的饭菜；俗却知礼、非亲懂爱的人品，让李白感受到了人世间的温暖。李白临走的时候，汪伦赶至青弋江边，他口谣足蹈地为李白送行。由于当时的场面十分感人，后来李白特意为此写了一首《赠汪伦》。其诗有云：

李白乘舟将欲行，忽闻岸上踏歌声。
桃花潭水深千尺，不及汪伦送我情。

情绪低落，已近暮年的李白因伤感常发人生慨叹。他在《古风》诗之其十一里写道：

黄河走东溟，白日落西海。

逝川与流光，飘忽不相待。
春容舍我去，秋发已衰改。
人生非寒松，年貌岂长在。
吾当乘云螭，吸景驻光彩。

天宝十四年（755年）秋，宗氏托人从梁园给李白捎来一封信，她希望李白尽快回梁园团聚。

李白对于宗氏这封信的反映是热切的，《秋浦寄内》一诗可为之作证。其诗写道：

我今寻阳去，辞家千里余。
结荷见水宿，却寄大雷书。
虽不同辛苦，怆离各自居。
我自入秋浦，三年北信疏。
红颜愁落尽，白发不能除。
有客自梁苑，手携五色鱼。
开鱼得锦字，归问我何如。
江山虽道阻，意合不为殊。

诗里所说的"三年"，是指从天宝十二年秋至天宝十四年秋所经历的两年三个年头。

李白和宗氏在"怆离各自居"的两年内，相互之间很少通信。一个丈夫不在身边的年轻女子，往往会产生闺怨，然而，宗氏的丈夫是一个55岁的老人，所以李白在诗里没有把她召归时的情感描写得十分强烈，他只用了一句"红颜愁落尽"做了解释。

对于他自己为何有妻不相守这一点，《秋浦寄内》里说了一条理由，即李白有"白发不能除"的弱势。这大概是老夫少妻存在感情差异的一种通病。从这个意义上说，李白“怆离”宗氏游寓宣州，不完全出于政治失意的原因，更确切地说，是他在“赐金放还”和梁园再婚以后，身心疲惫需要独处的一种必然选择。

关于当时李白体力衰减的另一条根据，是他在《秋浦歌》其四里说的一番话。其诗有云：

两鬓入秋浦，一朝飒已衰。
猿声催白发，长短尽成丝。

这首诗里说的“两鬓”、“飒已衰”，“白发”、“尽成丝”，比《秋浦寄内》里说的“白发不能除”，看上去显得更加苍老一些。

十二　跌落深渊获罪流放

李白从宣城回梁园不久，安禄山以肃清君侧、诛锄奸相杨国忠为由，于天宝十四年（755 年）11 月在范阳发动了叛乱。

当时，不仅各地官民都毫无防备，就连玄宗见了战报，起初也不大相信。安禄山趁大家措手不及，一路上势如破竹。烽火连天，河东诸郡相继陷落，就在这年的 12 月，东都洛阳也被攻破。

第二年正月，安禄山在洛阳自称“大燕”皇帝。同年 6 月，关中要塞潼关失守，唐玄宗不得不带着杨贵妃和一些臣属、卫士向蜀中匆忙避逃。

在安禄山的部下渡过黄河攻占梁园之前，李白携宗氏夫人仓皇南奔。他们先后在金陵、宣城、越中避难，后来隐居到了庐山屏风迭。

天宝十五年（756 年）7 月 15 日，玄宗在逃亡途中下达了分制全国，匡扶唐室的诏命。据《资治通鉴》所载，其诏命有云：

> 以太子亨充天下兵马元帅，领朔方、河东、河北、平卢节度都使，南取长安、洛阳……永王璘充山南东道、岭南、黔中，江南西道节度都使……

当时玄宗的用意非常清楚，他让李亨担当收复黄河流域的使命；让李璘负责长江流域的防务。

然而，在玄宗的分制诏令下达之前，太子李亨已于这年的7月12日在灵武（今宁夏回族自治区灵武县）即位。他改天宝十五年为至德元年（756年），称自己为肃宗，尊玄宗为“上皇天帝”。

唐肃宗李亨同父异母的弟弟李璘，是唐玄宗的第十六个儿子。他领了玄宗的诏命以后，于至德元年9月在江夏招募了数万士将，经过了两个多月的训练，永王的水师开始沿长江东巡。按理说，这些都是在遵照玄宗的旨意行事，但是却被肃宗集团说成是“南朝”似的纷争。当永王的水军行至丹阳（今江苏省丹阳市）时，其外部遭到了亲肃宗的淮南、江东势力合围，内部遇到了军师们的背叛，于是，他的水师星离云散。

永王被击败以后，仅以五骑由丹阳奔鄱阳，打算从那里南奔岭南，可是在至德二年（757年）2月，他在大庚岭被江西采访使皇甫侁擒获杀害。

唐玄宗生活腐化，致使文恬武嬉、奢侈浪费、国势下滑；安禄山野心勃勃、受宠忘恩、兴兵作乱，致使民族遭难、生灵涂炭；唐肃宗昏庸无能，置父子、兄弟之情于不顾，在东西二京尚未收复的情况下就同室操戈，打起了内战，凡此种种，都是祸国殃民的事情。

在国运昌盛的时候，没有人出来请李白入幕府，偏偏在两京陷没，国难当头之际，却有永王的一名“谋主”、秘书韦子春到庐山请他下山随水师东巡。由于宗氏害怕战祸，出面阻拦，李白没有立即成行。韦子春去请了三次，终于在至德元年12月永王的水师从江夏开到寻阳时才把李白请下了山。至德二年（757年）正月，李白随水军出师，当时他在军中是兴高采烈的。这可以从他的《在水军宴韦司马楼船观妓》一诗中看出。其诗有云：

摇曳帆在空，清流顺归风。
诗因鼓吹发，酒为剑歌雄。
对舞青楼妓，双鬟白玉童。
行云且莫去，留醉楚王宫。

李璘是在开元十三年（725 年）被封为永王，在开元十五年 5 月遥领荆州大都督的，因此，李白把李璘的幕府说成了“楚王宫”。

李白自己，则因为是平生第一次从唐王那里得到了未谒受请的待遇，十分荣耀地进入了永王的幕府，感受了威风出师、扬眉观伎的风流，所以才得意不已。以至于在这首诗的最后，李白要用“行云且莫去，留醉楚王宫”来告诉人们，这时候即使有人让他腾云驾雾，成仙而去，他也是不愿意的。

由此看来，只要有一点可能，李白还是会把安社稷、济苍生的政治理想摆在人生舞台的第一位。

李白在幕府中的生活，总共只有两个月光景。随着永王水师的覆没，他的政治抱负、人生理想也全部幻灭。

永王兵败以后，李白从丹阳前线向南逃奔。在途中，他写了《南奔书怀》。关于他仓皇逃奔的狼狈情景，诗中有这样的叙述：

草草出近关，行行昧前算。
南奔剧星火，北寇无涯畔。

李白在这首诗的最后两联中写道：

过江誓流水，志在清中原。
拔剑击前柱，悲歌难重论。

这两联诗是对永王东巡的总结。“清中原”的愿望是利国利民的；“誓流水”安社稷的决心是坚定的，然而李璘没有看清形势，在肃宗集团的控制之外逞雄，所以才落得“剑击前柱”、以卵击石、肉身碰壁的一场悲剧。

永王兵败以后，虽然李白草草出城，慌不择路，像流星一样地南奔，但是他仍然如履薄冰。因为即使他能逃得过漫天无涯的追兵，也逃不过肃宗的王法，所以，他只逃到彭泽（今江西省彭泽县）就去投案自首了。

不管往后将如何处罚，既然是“附逆”之罪，就得入狱候审。

李白被投进寻阳狱中，遭受到从天而降的横祸。

他想洗雪自己，但为时已晚，成则为王，败则为寇，参加永王的幕府，这已是事实。不洗雪吧，卷入了你死我活的政治冲突，就会有杀身之祸，所以，他必须设法去开脱。

李白怀着万般悲痛的心情，在狱中写了许多声泪俱下的诗投寄给亲友，其中有一首血泪交织的《万愤词投魏郎中》。

在这首诗的前半部，李白泣诉了他的悲惨境遇。其诗有云：

南冠君子，呼天而啼。
恋高堂而掩泣，泪血地而成泥。
狱户春而不草，独幽怨而沉迷。
兄九江兮弟三峡，悲羽化之难齐。
穆陵关北愁爱子，豫章天南隔老妻。
一门骨肉散百草，遇难不复相提携。

在这首诗的后半部，李白发出了洗雪冤案的呼吁。

他对天说：

苍苍之天，高乎视低。
如其听卑，脱我牢狴。

他对人说：

好我者恤我，不好我者何忍临危而相挤。

他对良知和善心说：

傥辨美玉，君收白珪。

天没有给他回应，人不能一概论之。首先，宗夫人得知李白入狱的消息以后，急忙从豫章（今江西省南昌市）赶赴了寻阳。夫妻相见，抱头痛哭。在危难之中妻子来探监，这多少给李白忍受牢狱之苦带来了一点鼓舞；宗夫人告别李白之后，为营救她的丈夫，四处奔走，这多少给李白结束这场人生悲剧带来了一线希望。

这一年秋天，李白的好友宋之悌之子，御史中丞宋若思当了宣城太守。他在率领江南将士赴河南抗敌途经寻阳时，听说了李白入狱这件事。由于其父与李白是知音故交，所以宋若思相信李白只是一个想一心报国的爽快文人，不可能有叛逆谋反的野心，因此，他与江南宣慰使崔焕一起为李白开脱了罪责。

李白出狱以后被邀加入了宋若思的幕府，然而这不等于说他已经万事大吉。既然永王及其水师中的“谋主”皆已被杀，那么其余的幕僚就不可能全然无事，否则就达不到警世安国的目的。尤其是像李白这样的人，诗名很大，他卷入了政治冲突的旋涡，造成的影响也大，不能不对他进行处罚。所以，李白在宋若思的幕府里只干了一两个月，肃宗就下诏判他长流夜郎。

李白获释以后的亢扬之心，顿时落入痛苦的深渊，他因此病了一场。在流夜郎之前，李白去宿松（今安徽省宿松县）养了一阵子病。

这年的11月，李白从宿松出发，乘舟溯江而上，开始走进流放生涯。

从宿松到寻阳，一路上有宗夫人和妻弟宗璟陪伴。在寻阳与亲人分别以后，李白继续西行。虽然他对他的余生近乎绝望，但是比起在寻阳狱中的“百忧”、“万愤”来，他的心情要平静得多。

李白在《流夜郎，永华寺寄寻阳群官》一诗里说过这样的话：

天命有所悬，安得苦愁思。

至少是未遭杀身之祸，人还活着；既然罪已被定，忧和愤都是多余的，因此，不如去听天由命。

在唐代，曾担任过朝中公职的官宦和文人，因罪过被贬、流放的事是时有发生的，死刑以下的最高处罚就是流放。在朝廷看来，被判流放罪的人应当是罪由清楚，无潜伏性危害的。因此，他们流放途中的环境就比较宽松，既没有派专人来监督执行，也没有对到达流放地的时间和路径作硬性的规定，反正诏书已下，各地的官府皆知；罪名已定，名誉已经受到了损害，想不去流放地并无多大的可能。

像李白这样诗名大、交际广、朋友多的人，不但不会受到众口一词的唾弃，而且还会得到过境处的某些地方官员的同情。所以，他走一走、停一停，在好地方多逗留一些时候还是可以的。

鉴于这样的原因，李白在去夜郎的途中经常停留。他不但能够游山玩水，而且能够与一些地方官吏来往应酬。

乾元元年（758年）早春，李白到了江夏。虽然这里是他曾经留下过青春足迹的、十分熟悉和难忘的地方，但是这一次他似乎显得有一点生疏。并不是说江夏人还不知道他的尊姓大名，而是说他获罪流放以后，一时还把握不住人们对他的态度。在这种情况下，他在江夏不可能像以往那样毫无拘束、驾轻就熟、大步流星地去找县宰、县尉，他必须先找一找他未称其姓名的好友、九品以下的外官汉阳辅录事，以便从辅录事那里打听一下消息。正巧这位辅录事已被罢官，不知去了何方。

回到船中，李白写了《赠汉阳辅录事》诗二首，他在诗之其一里写道：

天清江月白，心静海鸥知。

诗中的“江月白”，既指李白相信好友的为人清白，也指他自己的清白。“天”则是指肃宗、指朝廷。他认为一个人的命运，不仅仅取决于自己政治素质和才华的高低，在很大程度上还取决于朝廷和皇上的廉明与否。廉政好比是青天，一个清白的人遇上了青天，自然会更加光彩夺目。

诗中的“心静海鸥知”，是李白既对汉阳辅录事，也对自己说的安慰话。其意思是说，人在心静的时候，仿佛连海鸥飞过的声音都能够听见；人若是在困难面前毫不气馁，自始至终平心静气，就能够化险为夷，听到喜讯。

李白没有找到汉阳县辅录事，所以在江、汉、千湖之上泛游了一些时候。到了暮春时节，春风动树、兰开紫叶、岸夹桃花、江生锦浪。李白在鹦鹉洲头极目远望，乐中有悲，随后，他写了一首《鹦鹉洲》。其诗有云：

鹦鹉来过吴江水，江上洲传鹦鹉名。
鹦鹉西飞陇山去，芳洲之树何青青。

烟开兰叶香风暖，岸夹桃花锦浪生。
迁客此时徒极目，长洲孤月向谁明。

这首诗巧妙地用“香风暖”绿的“芳洲”和“孤月”独照的“迁客”，将春暖花开的美景和长流夜郎的悲痛联系到了一起，从而通过这两者之间大反差的对比，大大加重了情与景的分量。

这年8月，李白的一位故友，尚书郎张谓出使夏口，沔州牧杜公和汉阳宰王公在汉阳南湖的游船上为他举行了宴会。因为李白是张谓的相好，所以也受到了汉阳县王宰的邀请。

汉阳南湖濒临长江，距东边江中芳草萋萋的鹦鹉洲不远。由于它位于青翠秀丽的汉阳龟山以南，所以唐代称之为南湖。

在当晚的宴会上，张谓被这秀色可餐的碧树芳洲、湖光山色、江汉乐舞所陶醉，在酒酣之际，他请李白为他们夜游的南湖命名。后来，李白在《泛沔州城南郎官湖》及其序里描述了这一经过。

其序有云：

方夜水月如练，清光可掇，张公殊有胜概，四望超然，乃顾白曰：“此湖，古来贤豪游者非一，而枉践佳景，寂寥无闻。夫子可为我标之嘉名，以传不朽。”白因举酒酹水，号之曰郎官湖。

其诗有云：

张公多逸兴，共泛沔城隅。
当时秋月好，不减武昌都。
四座醉清光，为欢古来无。
郎官爱此水，因号郎官湖。
风流若未减，名与此山俱。

诗中的“此山”指的就是今天汉阳的龟山。

《与史郎中钦听黄鹤楼上吹笛》和《陪宋中丞武昌夜饮怀古》是他这时的作品。

其中《与史郎中钦听黄鹤楼上吹笛》有云：

一为迁客去长沙，西望长安不见家。
黄鹤楼中吹玉笛，江城五月落《梅花》。

《陪宋中丞武昌夜饮怀古》有云：

清景南楼夜，风流在武昌。
庾公爱秋月，乘兴坐胡床。
龙笛吟寒水，天河落晓霜。
我心还不浅，怀古醉馀觞。

张谓走后，李白离开汉阳，继续西行。

无论是处于顺利之中，还是沦为了“迁客”，李白都得到过汉阳王宰的关爱，因此，他行至江夏时，为王宰写了一首《寄王汉阳》，以示感激和留恋。诗中写道：

南湖秋月白，王宰夜相邀。
锦帐郎官醉，罗衣舞女娇。
笛声喧沔鄂，歌曲上云霄。
别后空愁我，相思一水遥。

从江夏出发，往西南方向走不了多远就是洞庭湖口。到夜郎之前，李白当然想再看一看绿水浩荡的洞庭明湖。

当时，玄宗时期的中书舍人、李白的好友贾至正贬在巴陵做地方官，李白去洞庭湖的另一个原因就是想到他那里去住一些时候。

李白到巴陵的第二天，一清早就登上了城东的小山。他举目西望，洞庭无边、明湖彻底、水绿澄鲜；北眺云梦，树隐山青、田野霜空、秋色茫然；南望长沙，江出帆来、风清沙浦、鸟向日边。面对这“周览无不极”的盛况，李白并没有产生往昔登高赏景时的那种愉悦，相反，这阅水瞻光，人非景比，倒使他更加留恋过去、惋惜现在、产生自怜。他可怜自己鬓衰发颓的老态；可悲自己悄然流逝的晚年；他进而从过去郢人吟唱的“白雪”歌和越女行歌的“采莲”曲，联想到一个“迁客”在洞庭秋色中昙花一现的处境。

这时李白心里非常清楚，他这一次离开江汉、洞庭以后，用不了多久就会到达艰苦闭塞、狭窄多山的夜郎，他也许将要在那里度过余生。因此，李白站在巴陵的山岩上一想到这种可怖的前景，就禁不住地留下了伤心的热泪。

《秋登巴陵望洞庭》是李白这时的作品。其诗有云：

清晨登巴陵，周览无不极。
明湖映天光，彻底见秋色。
秋色何苍然，际海俱澄鲜。
山青灭远树，水绿无寒烟。
来帆出江中，去鸟向日边。
风清长沙浦，霜空云梦田。
瞻光惜颓发，阅水悲徂年。
北渚既荡漾，东流自潺湲。
郢人唱白雪，越女歌采莲。
听此更肠断，凭崖泪如泉。

这一次李白在巴陵还写了诗歌《留别贾舍人至》二首。他在诗之其一里写道：

远客谢主人，明珠难暗投。
拂拭倚天剑，西登岳阳楼。
长啸万里风，扫清胸中忧。
谁念刘越石，化为绕指柔。

从诗中“明珠难暗投”这句话来看，贾至内心还是有庇护他久避巴陵的意愿的。然而，一方面这有违诏令，不可为之；另一方面，李白认为这样做过于柔弱，不够光明，所以还是忍痛与贾至分别。

《留别贾舍人至》之其二写了这次离别的情景。其诗有云：

君为长沙客，我独之夜郎。
劝此一杯酒，岂唯道路长。
割珠两分赠，寸心贵不忘。
何必儿女仁，相看泪成行。

这年秋末，李白从巴陵启程，继续向西溯长江而上。

江陵既是李白乘船流夜郎途中须经过的大都会，也是他与盛世繁华相连的最后一根纽带，因此，李白在上三峡之前，依依不舍地在那里逗留了几天。在惜别江陵的时候，李白送给郑判官一首《赠别郑判官》。其诗有云：

窜逐勿复哀，惭君问寒灰。
浮云本无意，吹落章华台。
远别泪空尽，长愁心已摧。
二年吟泽畔，憔悴几时回。

这首诗的前三联说的是从江陵往前走不了多远就要西进三峡，南下黔中道古夜郎。在此之前，李白似乎还隐隐约约地觉得，说不定会突然出现某种使其得救的奇迹。可是当“远别”和“长愁”已让他“泪尽”、“心摧”，眼看着一离开江陵就要兑现长流夜郎的惩罚时，他不能不承认自己就是一只遭遇了义断恩绝的散雁孤鸿，无可奈何只好以“勿复哀”去忍受长流夜郎的悲剧。

从这首诗的最后一句“憔悴几时回”来看，李白这时唯一的梦想就是等着在夜郎受够了折磨，然后侥幸地拖着憔悴的身子回还。

乾元二年（759 年）初，李白到达西陵峡口。

溯江进峡，江面渐窄、青天成线。船到了黄牛山下，抬头看，高岩上有石如人在负刀牵牛；峭壁间，江水湍急，逆水行舟几乎寸步难移，仿佛是船走了三天三夜还望得见石牛石人。

过三峡的时候，李白写了一首《上三峡》。其诗有云：

巫山夹青天，巴水流若兹。
巴水忽可尽，青天无到时。
三朝上黄牛，三暮行太迟。
三朝又三暮，不觉鬓成丝。

这首诗的后两联是从古歌谣“朝见黄牛，暮见黄牛；三朝三暮黄牛如故”脱胎而来。然而，古歌谣只言溯江舟行的迟缓，《上三峡》一诗则用“不觉鬓成丝”加进了人的愁苦。如果说这句话是对船行艰难迟缓，让人愁白头的感叹，那只是诗意的夸张；如果说这句话是对诗人曾经立志筹谋“下渝州”，却落得被“窜逐”、成“寒灰”、流夜郎，进出“国门”“朝如青丝暮成雪”的感叹，那才是恰如其分。虽然这只是一声感叹，里面却包含了诉说李白一言难尽的戏剧性人生的千言万语。

过了归州巴东县，往西走不了多远就可以看见巫山。李白心里很清楚，再往前走就会被山的海洋淹没、被井中的天束缚。

他想抓紧到达夜郎之前的这一瞬间再好好看一眼世界。

李白冒着早春的严寒，登上了“高不穷”的巫山最高峰。他仰观青天，仿佛近在咫尺；举目西望，久别的巴国历历在目；放目南陲，浓云淡雾挂在天边，想必苍梧就在它的下面；向东回眸，峡江似练，和瀛海相连。在这见不到人的世界，他反而觉得心里平静多了。下山的时候，他看到积雪映照的空谷，听到猿啼风鸣，竟然还产生出了“幽意”和“佳趣”。

回到“孤舟”之后，李白写了一首《自巴东舟行经瞿唐峡，登巫山最高峰，晚还题壁》。其诗有云：

江行几千里，海月十五圆。
始经瞿唐峡，遂步巫山巅。
巫山高不穷，巴国尽所历。
……
望云知苍梧，记水辨瀛海。
周游孤光晚，历览幽意多。
积雪照空谷，悲风鸣森柯。
归途行欲曛，佳趣尚未歇。
江寒早啼猿，松暝已吐月。
月色何悠悠，清猿响啾啾。
辞山不忍听，挥策还孤舟。

根据这首诗第一联中的“海月十五圆”来估算，李白从宿松出发，“江行几千里”到巫山，大约用了一年零三个月时间。他写这首诗的时候，已经是乾元二年的初春。

从巫山到夜郎（今重庆市），要先沿长江乘船到涪陵，然后南入乌江溯流而上。

西蜀和东巴，都属于四川盆地。虽然李白未曾到过夜郎，但是他了解那是怎样的一块地方。那里不存在什么温文尔雅，而且也用不着什么高谈阔论。大山里既远离周礼唐俗、繁华熙攘，也缺少知交高朋、华筵芳樽，那里有的是下里巴人之曲、桑间濮上之音。既然如此，李白从巫山到夜郎一路上未停顿，他加快了西进的速度，想尽快赶到夜郎去找一个安身之所。

半个多月以后，李白到了夜郎。他住在一户农家木结构的吊脚楼上，不愿对别人谈论他的来历和身世，没有一点吟诗作赋的创作欲望。他一心只盼出现奇迹，能重获自由，返回东部。

这年春末的一天，李白看到春尽北归的雁群从头顶上飞过，顿时产生了一股思亲之情。李白与宗夫人天各一方，他到了夜郎一直收不到家书，所以急着给宗氏写了一封信，在信里还附了一首题为《南流夜郎寄内》的诗。诗中写道：

夜郎天外怨离居，明月楼中音信疏。
北雁春归看欲尽，南来不得豫章书。

十三　遇赦东归卒于当涂

乾元二年的3月，关内大旱，唐肃宗为了安定民心，大赦天下。赦令有曰：

> 天下现禁囚徒，死罪从流，流罪以下一切放免。（《唐大诏令集》卷八十四《以春令减降囚徒敕》）

在近乎绝望之中，李白突然得知了赦令，他内心的激动是难于言表的。李白是一个自然唯情主义的热血诗人，有好的心情就会有饱满的激情，有饱满的激情就会有创作的灵感。因此，他的遇赦给他的诗歌创作带来了又一次高潮。

李白有名的七绝《早发白帝城》，是唐人绝句的杰作之一。

其诗有云：

> 朝辞白帝彩云间，千里江陵一日还。
> 两岸猿声啼不尽，轻舟已过万重山。

诗中的“彩云”和“轻舟”，是一些瑰丽的字眼，这与李白获释以后的轻松欢快心情是和谐相衬的。一天之内“过万重山”，还“千里江陵”，是典型的“一日千里”速度。这是不是真实并不重要，重要的是，李白把内心的情感融化到了自然当中，从而使湍急的江水仿佛搭载了他似箭的归心。

《上三峡》和《早发白帝城》都有关于船速的信息。虽然前一首写的是船行的缓慢，后一首写的是船行的急速，这两首诗写的是不同的船速，但是，船行的慢加上心境的消沉，船行得快加上心境的快活，同样是用相同性质的事物相加来产生加倍的效果。由此看来，语言明朗简练、情景和谐统一，这也是李白诗歌的鲜明特点之一。

青年时期，李白出蜀时路过了一次荆门；流放夜郎前后，李白在上三峡、下江陵途中又先后两次过荆门。他三过荆门，第二次心情很坏，好景无动于衷，没有创获家喻户晓的诗歌精品，可是他第一次和第三次过荆门，却都留下了佳作。

李白初次出蜀沿江东下，过荆门以后第一次见到广阔的平原。奇幻的景观、新鲜的感受和离愁别绪驱使他写了《渡荆门送别》一诗；这一次他流放获释路过荆门，突如其来的喜事又让他在这镶嵌着一条大江的大山与大平原的交汇处灵感闪亮、妙笔飞扬，所以他写了关于荆门的另一首好诗《荆门浮舟望蜀江》。其诗有云：

春水月峡来，浮舟望安极。
正是桃花流，依然锦江色。
江色绿且明，茫茫与天平。
逶迤巴山尽，摇曳楚云行。
雪照聚沙雁，花飞出谷莺。
芳洲却已转，碧树森森迎。
流目浦烟夕，扬帆海月生。
江陵识遥火，应到渚宫城。

李白在这首诗的第二联中，不仅以精巧的笔头蘸着春水绘了一幅美丽的风景画，而且通过“桃花流”中的“锦江色”既表达了对蜀水的赞美，又通过流出于源的自豪感传递了他对西蜀第二故乡的赤诚之爱。

“逶迤巴山尽，摇曳楚云行”是两句风举云摇，流畅生动，挥洒自如的绝句。它行云流水般的节奏与前两句“江色绿且明，茫茫与天平”的静态，以及与后两句“芳洲却已转，碧树森森迎”的速率更高的动态传承递进，构成了诗意形感渐入高潮的佳境。

从“绿且明”的“江色”到“浦烟夕”的黄昏，再到“识遥火”的夜晚，反映了李白在一天之内所看到的景色。《荆门浮舟望蜀江》仅用了3句话，就轻松自如地描绘了李白乘舟在一天之内所看到的楚国200里壮丽山河的美景，并给人以遐思和文趣，这也是李白的诗歌为后世千古传唱而不衰的缘故之一。

李白在经过江陵时，没有在那里停留，这与他随后到了江夏不急于去豫章找宗氏一样，出于同一种原因。

他不是一个生性狡险的人，因此，他一高兴起来就容易产生幻想。《自汉阳病酒归，寄王明府》一诗里有关于这方面的证据。

李白在这首诗里写道：

去岁左迁夜郎道，琉璃砚水长枯槁。
今年敕放巫山阳，蛟龙笔翰生辉光。
圣主还听子虚赋，相如却欲论文章。
愿扫鹦鹉洲，与君醉百场。
啸起白云飞七泽，歌吟渌水动三湘。
莫惜连船沽美酒，千金一掷买春芳。

从这些诗句不难看出，李白把他遇赦的原因看成是朝廷喜欢他的文章。司马相如因为汉武帝喜欢其《子虚赋》而被召进京，李白认为，这样的幸运或许也会落到自己头上。

他抱着这种幻想，匆匆地过江陵，下江夏，想在这大唐帝国的十字路口等待时机。

他期待着把鹦鹉洲打扫得干干净净，与王汉阳醉一个百回；他忍不住要放声高歌，让楚地的七泽腾起云雾，让三湘的绿水翻涌波澜；他还想在大好春日里乘着载满美酒的小船去游览江湖，而且无论花多少金钱也不去吝惜。

这样欢天喜地的心情支持着他在江夏一连等了好几个月，然而，他没有看到朝廷有丝毫征召他的迹象。

这一年秋天，李白应友人裴隐之邀，到洞庭湖游览，时值刑部侍郎李晔被贬岭南途经岳州。李白、李晔、贾至都有被贬遭罚的经历，这三人在巴陵一见面，都感到格外亲热。秋日里他们同游洞庭，李白诗兴大发，用神来之笔写了不少佳篇绝句。其中《陪侍郎叔游洞庭，醉后三首》诗之其三写道：

划却君山好，平铺湘水流。
巴陵无限酒，醉杀洞庭秋。

《陪族叔刑部侍郎晔及中书贾舍人至游洞庭》五首之其五写道：

帝子潇湘去不还，空余秋草洞庭间。
淡扫明湖开玉镜，丹青画出是君山。

这两首诗的前一首侧重于写“湖”。八百里洞庭湖中若没有君山，一望无垠更加浩瀚，所以，李白酒兴当头要“划却君山”，让湘水畅流，让巴陵出更多的美酒。虽然李白一生都没有实现过“济世经国”的理想和改造社会的宏图，但是在他快到60岁的时候，他却用他的诗歌抒发了改造自然的感慨，这对于诗人或多或少是一种安慰。

这两首诗的后一首侧重于写“山”。李白认为，虽然“玉镜”般的“明湖”晶莹皎洁，但是若没有“丹青画出”的风光明媚的“君山”来点缀，也许显得有一点单调。

有人把李白气吞山河、情感激烈、自相矛盾的诗句看成酒后狂言，这是不大符合事实的。就拿他时而爱水，时而重山的诗意来说，其实是在反映自然界中的诸多事物各有所长的这样一种真态。

《陪族叔刑部侍郎晔及中书贾舍人至游洞庭》五首之其二，也是一首想象丰富、意境深远、语言优雅的名篇。诗中写道：

南湖秋水夜无烟，耐可乘流直上天。
且就洞庭赊月色，将船买酒白云边。

上元元年（760 年）春，李白结束了在洞庭、潇湘的漫游，又折回到了江夏。

这时的肃宗朝廷，与天宝年间相比，已每况愈下。安史之乱的余波未息，西羌吐蕃又频繁称兵。不仅如此，在这外患燃眉之时，玄宗和肃宗父子之间还暗藏着矛盾。凡属于接近玄宗的人都先后被肃宗贬斥，这些人中的一部分人，例如张镐、崔焕、宋若思等人都是同情李白的。当李白流连江汉的时候，甚至连他的好友杜甫也流落到了成都，在这种形势下，他哪里还有被朝廷召回的可能。因此，李白从洞庭湖返回江夏以后，内心非常失望。

在江夏，李白遇见了宣州南陵县的好友韦冰，写了一首《江夏赠韦南陵冰》相赠。这首诗的十一、十二联有云：

人闷还心闷，苦辛长苦辛。
愁来饮酒二千石，寒灰重暖生阳春。

在这两联诗里，李白首先在韦冰面前倾吐了他在政治美梦幻灭以后的腹中苦水，紧接着，他向友人描述了自己风雨飘摇的晚年。

李白“赐金放还”以后的心情一直不好，再加上寻阳入狱和长流夜郎的那番折磨，他的身体衰弱了许多。他在获释以后刚回江夏时，曾经因为醉酒病过一场，酗酒也是他健康状况不妙的原因之一。尽管如此，他并没有抛弃这个身体健康的“克星”，用他在《江夏赠韦南陵冰》一诗里的话来说，他这时“寒灰”般的身心靠的正是酒的热力和麻醉才现出了“阳春”。

像李白这样60岁的人，在唐代已算到了年高。从今天健康常识的角度来看，一个体弱多病的老年人还沉溺在酒中，这无疑是一个悲剧。可是对于李白来说，他晚年酗酒的悲剧，主要来源于他人生的政治悲剧。

李白根据他自己的年龄和身体状况，仿佛已经预感到了生命的尽头并不遥远。他在《江夏赠韦南陵冰》一诗的第十四联中写道：

头陀云月多僧气，山水何曾称人意。

如果仅从字面上看，他是嫌黄鹤山上的头陀寺用僧气煞了风景，可是仔细一想，他这个素来壮志凌云、酷爱大自然的人，见了山水云月、寺庙道观也提不起精神，这充分反映了他在走向人生终点前的没落心态。

在这首诗的末尾，李白写道：

我且为君搥碎黄鹤楼，君亦为吾倒却鹦鹉洲。
赤壁争雄如梦里，且须歌舞宽离忧。

李白这样的诗人，是十足的理想主义者。他的理性告诉他，世间的一切事情都应有一个合理的解释。眼下几乎是穷途末路，他找不到对自己命运的解释，所以才想“搥碎黄鹤楼”、“倒却鹦鹉洲”。虽然他实际上办不到这一点，可是他感觉得到，像这样去想一想，似乎可以解一解心头之恨。放弃“争雄”、去听歌观舞，虽然都无法根治身心的创伤，但是像这么去做一做，多少可以忘记一时之忧。

敕还以后，李白在江夏、湖南逗留了一年之久。

上元元年的春夏之交，李白东下寻阳，他游罢庐山就去了豫章。到了秋天，他离开豫章，往来于宣城、南陵一带。这期间他曾在南陵县五松山下的一位姓荀的老妇家寄居，并写过一首《宿五松山下荀媪家》。其诗有云：

我宿五松下，寂寥无所欢。
田家秋作苦，邻女夜舂寒。
跪进彫胡饭，月光明素盘。
令人惭漂母，三谢不能餐。

这首诗不同于他以往倾心山水、联袂高朋，只追求自我愉悦的创作风格。在这里，他一方面用“田家秋作苦，邻女夜舂寒”来描写农业劳动的艰辛，另一方面，通过写荀家老妇恭恭敬敬给他“跪进”素菜、菰米饭，揭示了淳朴善良的劳动者并不是劳动果实最大享受者的这样一种极不公正的阶级社会现实。

李白 42 岁那年进长安做过翰林学士，因此十分熟悉宫廷生活。他的《宫中行乐词》八首之其二里有云：

柳色黄金嫩，梨花白雪香。
玉楼巢翡翠，珠殿锁鸳鸯。

选妓随雕辇，征歌出洞房。
宫中谁第一，飞燕在昭阳。

《宫中行乐词》其四里有云：

玉树春归日，金宫乐事多。
后庭朝未入，轻辇夜相过。
笑出花间语，娇来烛下歌。
莫教明月去，留着醉姮娥。

李白在前一首诗的一、二两联里描写了唐皇金宫殿内、殿外的豪华气派。“珠”、“玉”、“翡翠”、“柳色”、“梨花”，这些都是从民间获取的财富。

李白在后一首诗里描写了皇上春夜作欢的内幕。遴选宫妃，轻辇送至，玉人花姿、笑语娇歌把皇上迷得忘了大事，通宵达旦还舍不得姮娥般的美人从身边离去，以至于到了上早朝理政务的时候，圣上还沉浸在梦里。

繁重的赋税、良家的女子，都成了君王们奢侈享乐的供品，由此可见，玄宗朝廷的腐败到了何等荒淫的程度。对照一下荀媪家老妇的劳苦生活，李白不由得在《宿五松山下荀媪家》一诗的结尾发出了一声“令人惭漂母，三谢不能餐”的叹息。这句话既是他对自己多年较为铺张浪费的生活的一种自责，也是对以玄肃父子为首的封建士大夫阶级挥霍无度的生活的谴责。

虽然李白的《宫中行乐词》和他的一些其他描写帝王生活内幕的诗歌下笔含蓄，但是总藏不住他只要看不惯就想说出来的心直口快的尾巴，所以，他迟早会受到责难。李白当了一年多翰林学士就被“赐金放还”，其中肯定有这一层原因。

上元二年（761 年）3 月，史朝义杀其父史思明，继承了“大燕”的帝位，建元“显圣”。

尽管自天宝十四年安禄山反叛以来，唐代李氏王朝派兵北伐东征，收复了大量的失地，可是并没有彻底铲除史朝义的势力。这股反叛势力往东北可以退回幽燕，往东南可以窜犯吴越。为了防止安史的残余势力四处进犯，以享有磐石之安，肃宗在这一年 5 月任命“李光弼为河南副元帅、太尉兼侍中，都统河南、淮南东西、荆南、江南西、浙江东西等八道行营节度，出镇临淮（今安徽省泗县一带）”（《通鉴》）。

李白在宣城听到这个消息时，非常高兴。他不是一个临川羡鱼的人，只要有机会，他是会挺身而出为国效劳的。李白不顾年迈体衰，迅速赶往金陵，毅然投笔从戎。后来他写了《闻李太尉大举秦兵百万出征东南，懦夫请缨，冀申一割之用，半道病还，留别金陵崔侍御十九韵》一诗，以记其事：

秦出天下兵，蹴踏燕赵倾。
黄河饮马竭，赤羽连天明。
太尉杖旄钺，云旗绕彭城。
三军受号令，千里肃雷霆。

诗中说的“太尉”即李光弼，而“蹴踏燕赵倾”则是指要捣毁安史的老巢。

从李白的这种积极思想来看，他到了 61 岁的年龄还决心身体力行去从军，真可谓是“烈士暮年，壮心不已”。

然而遗憾的是，身体的疾患使他力不从心。他接着在这首诗里写道：

半道谢病还，无因东南征。

李白当时得的是什么病，现在找不到详细的记载。唐人皮日休在《七爱诗》里说过李白“竟遭腐胁疾，醉魄归八极”的话。

“腐胁疾”，顾名思义，当是先由结核病引起肺穿孔，后由脓胸引起胸穿孔。这种病在古代是难以治愈的。长期的思想压抑和嗜酒，是李白得这种病的主要原因。

到了暮年，李白逐渐抛弃了学道求仙的迷信和进仕建功的雄心，可是他除了诗歌之外，就是无法抛掉饮酒的嗜好。

李白从军因病半路折回金陵以后，主要在金陵、宣城、南陵一带逗留。

他在《游谢氏山亭》一诗里写道：

沦老卧江海，再欢天地清。
病闲久寂寞，岁物徒芬荣。
……
田家有美酒，落日与之倾。

这说的是他在养病期间，有时到农民家里去做客，同主人对饮至天黑的事。

他的《送韩侍御之广德》里有云：

昔日绣衣何足荣，今宵贳酒与君倾。
暂就东山赊月色，酣歌一夜送泉明。

这说的是他即使到了病魔缠身的地步，没有钱哪怕是去赊酒，也要在送别像陶渊明（泉明）那样的朋友时，与他对饮一个通宵的情形。

李白从军折返以后，主要靠朋友们的接济度日。他在赠给宣州铜官县刘都使的《赠刘都使》里写道：

铜官几万人，诤讼清玉堂。
吐言贵珠玉，落笔迴风霜。
而我谢明主，衔哀投夜郎。
归家酒债多，门客粲成行。
高谈满四座，一日倾千觞。
所求竟无绪，裘马欲摧藏。
主人若不顾，明发钓沧浪。

李白到刘都使的“清玉堂”去称穷叫苦、投诗捧场，当然是想得到刘都使的一些资助。诗中的“归家酒债多”这一句话，一来刻画了李白嗜酒至死不休的形象，二来反映了他遇赦东归以后的生活窘况。

《赠刘都使》一诗最后一联中的“主人若不顾，明发钓沧浪”，与从前他在《赠从兄襄阳少府皓》的末尾说的“棣华倘不接，甘与秋草同”类似，都是在走投无路时乞人解囊相助的伤心文辞。

李白的病一天比一天重，靠朋友们的接济，即使能勉强维持生活，也难以治病养病。

这时他在九江营商的“兄”大概是离开了，或者他们兄弟之间因为李白的长流夜郎而产生了隔阂，所以，李白只好在上元二年的冬天从金陵到当涂去投靠“从叔”县令李阳冰。

刚开始，李白不好当面说出来意。他与李阳冰见面之后，回到船上写了一首《献从叔当涂宰阳冰》送给李阳冰。诗中写道：

小子别金陵，来时白下亭。

群凤怜客鸟，差池相哀鸣。
各拔五色毛，意重太山轻。
赠微所费广，斗水浇长鲸。
弹剑歌苦寒，严风起前楹。
月衔天门晓，霜落牛渚清。
长叹即归路，临川空屏营。

李阳冰看了李白的诗，对他的艰难处境深表同情，于是把他留在当涂，让他在人生最后的一段日子有一个依靠。

宝应元年（762 年）9 月，李白在当涂县南的龙山登高临风，再度重阳。之后他写了一首《九日龙山饮》记事。诗中写道：

九日龙山饮，黄花笑逐臣。
醉看风落帽，舞爱月留人。

第二天他还写了一首《九月十日即事》，其诗有云：

昨日登高罢，今朝更举觞。
菊花何太苦？遭此两重阳。

这两首诗里的“花”，都是拟人化的对象。他用前一首诗里的“黄花”影射那些轻蔑、讥笑他的人；他用后一首诗里的“菊花”隐喻他自己。虽然他的“待诏翰林”和遇赦东归，都带有“重阳”的色彩，可是他人生的结局、晚景却如此凄苦。在这种背景下，李白昔日的豪迈之气几乎被洗脱得一干二净，他不愿意再对人说，也无力去再对人说他的人生悲剧，因此，他只好对着“花”说，只好去说“花”。

宝应元年（762 年）11 月初，李白的病情突然恶化。垂危之际，李白在病床上把自己的诗稿交给了李阳冰，并请他为之编集作序。时隔几天，李白便离开了人世。

李白的身后之事有些凄凉。

无论是他的诗文，还是别人关于他生平事迹的记述，里面都没有提到他的女儿平阳后来的去向。

他的儿子伯禽死于德宗贞元八年（792 年），伯禽一生也没有做过官。

之所以李白在夜郎遇赦以后不回彰明，也许与他身败名裂无颜再见乡人，而父母辞世已无法守望这一原因有关。然而另外的一个重要原因是，他在东部有他香火不绝的子孙。

大约是在李白去世那一年（762 年）的春天，伯禽到宣城去看望过他的父亲。这一点可以从李白的《游谢氏山亭》一诗里找到根据。诗中写道：

借君溪池游，聊以散我情。
扫雪松下去，扪萝石道行。
谢公池塘上，春草飒已生。
花枝拂人来，山鸟向我鸣。
……
醉罢弄归月，遥欣稚子迎。

最迟在李白去世之后，伯禽到当涂定居。后来伯禽把两个女儿留在当涂嫁给了当地的农民。关于这一点，有范传正《唐左拾遗翰林学士李公新墓碑文》为据。该碑文有曰：

（正）廉问宣、池。按图得公之坟墓在当涂属邑，因令禁樵採，备洒扫。访公之子孙，欲申慰荐。凡三四年，乃获孙女

> 二人，一为陈云之室，一为刘劝之妻……衣服村落，形容朴野，而进退闲雅，应对详谛，且祖德如在，儒风宛然。

范传正是李白的生前好友范文之孙，他当时任宣歙池等州观察使。范传正在视察属邑时发现李白的荒坟将毁，心中悯然，于是指示当涂县令关注其事。在“学为歌诗，乐闻其语”（见《范碑》）的当地人士的努力下，于宪宗元和十二年（817 年）正月，把李白墓从龙山迁到了龙山以东 6 里的青山之阳。

武宗会昌三年（843 年）2 月，前守秘书校书郎裴敬在南游江左时拜谒过李白墓。他听守墓人毕元宥说，“二孙女不拜墓已五六年矣”（裴敬《翰林学士李公墓碑》）。看来，她们在李白去世 70 多年以后也相继辞世。

据李白的两个孙女说，她们“有兄一人，出游一十二年，不知所在”（《见范碑》）。

李白去世的当年，玄宗和肃宗相继死去。李豫即位，是为代宗。他为了笼络人心，曾启用过一些沦落在野的人才，李白在九泉之下也受到了“惠爱”，获得了一个“左拾遗”的空官名。范传正在《范碑》里不平地说道：

> 代宗之初，搜罗俊逸，拜公左拾遗，制下于彤庭，礼降于玄壤，生不及禄，没而称官，呜呼命与！

由此，人们不难看清唐代封建统治者的伪善面目。

虽然李白已经辞世 1200 多年，但只要我们仔细去读他的诗文，就能够看到一位才华出类拔萃、个性傲岸奔放、形象超凡脱俗的“诗仙”。不仅如此，从李白的诗里，我们还能窥见中国唐代社会的工商、农贸、军事、渔猎活动；体味封建时期中国的宫廷、官宦、士贾、乡村生活；溯历古代中国的山川草木、亭台楼阁、幽居农舍、衣食住行。因此可以说，无论是从欣赏文学、了解历史的角度出发，还是从仿效先贤、声斥罪孽，吸取历史经验、教训的角度出发，到李白的诗歌中去观察、评判李白的作为、他人的作为、社会的作为的真善、伪恶，并予以摒弃、弘扬，都具有积极的现实意义。

诗仙李白和李白的诗歌是不朽的。

图书在版编目（CIP）数据

真唐李白／诸传中编著.
北京：同心出版社，2015.2
ISBN 978-7-5477-1431-7

Ⅰ.①真…　Ⅱ.①诸…　Ⅲ.①李白（701~762）-生平事迹
Ⅳ.①K825.6

中国版本图书馆 CIP 数据核字（2014）第 307596 号

真唐李白

出版发行：同心出版社
地　　址：北京市东城区东单三条 8-16 号　东方广场东配楼四层
邮　　编：100005
电　　话：发行部：（010）65255876
　　　　　总编室：（010）65252135-8043
网　　址：www.beijingtongxin.com
电子邮箱：tongxinpress@gmail.com
印　　刷：北京京都六环印刷厂
经　　销：各地新华书店
版　　次：2015 年 2 月第 1 版
　　　　　2015 年 2 月第 1 次印刷
开　　本：787 毫米×1092 毫米　1/16
印　　张：12.5
字　　数：153 千字
定　　价：26.00 元